新时代
学术进阶丛书

读好文献

写作导向的
学术阅读指导

傅力◎著

Literature Reading
Writing-Oriented Academic Reading Instructions

清華大學出版社
北京

图书在版编目（CIP）数据

读好文献：写作导向的学术阅读指导 / 傅力著. —北京：清华大学出版社，
2024.2

（新时代学术进阶丛书）

ISBN 978-7-302-65466-7

Ⅰ. ①读… Ⅱ. ①傅… Ⅲ. ①文献工作 Ⅳ. ①G255

中国国家版本馆 CIP 数据核字（2024）第 042501 号

责任编辑：顾　强
封面设计：李召霞
版式设计：张　姿
责任校对：王凤芝
责任印制：沈　露

出版发行：清华大学出版社
　　　　　网　　　址：https://www.tup.com.cn, https://www.wqxuetang.com
　　　　　地　　　址：北京清华大学学研大厦 A 座　　邮　　　编：100084
　　　　　社 总 机：010-83470000　　　　　　　　邮　　　购：010-62786544
　　　　　投稿与读者服务：010-62776969, c-service@tup.tsinghua.edu.cn
　　　　　质 量 反 馈：010-62772015, zhiliang@tup.tsinghua.edu.cn
印 装 者：涿州汇美亿浓印刷有限公司
经　　　销：全国新华书店
开　　　本：148mm×210mm　　　印　张：8.75　　　字　数：194 千字
版　　　次：2024 年 4 月第 1 版　　　　　　　印　次：2024 年 4 月第 1 次印刷
定　　　价：68.00 元

产品编号：103067-01

如鱼得水读懂文献　学海无涯自在畅游

我一直深感阅读和理解学术文献十分重要。高质量的文献不仅包含了前人珍贵的研究成果和学术见解,也代表了一个领域发展的最前沿。然而,学术文献往往枯燥乏味,对研究人员的学术修养和分析能力提出了极高的要求。长期以来,我一直在寻求更好地读懂文献、吸收文献营养的有效方法。

最近在学术交流中,傅力老师给我看了这本刚完成的《读好文献:写作导向的学术阅读指导》的初稿。读后感触颇多。我发现这是一本针对学术文献阅读的"工具书",它以极其系统和详尽的方式剖析了不同类型文献的结构、特点和信息分布。作者傅力根据文献的语义单元,逐一解析了各个部分蕴含的价值,让读者可以有重点地获取信息,而不会迷失在繁杂的细节中。

这种基于语义单元的拆解法,也让我受益匪浅。文献的目录、标题、作者、期刊等看似枯燥的部分,其实蕴含了丰富的学术信息。通过这些"外在"信息,我们可以更好地判断一篇文章的质量、定位和意义所在。这为我们进行文献筛选和快速获取关键信息提供了有效途径。比如,文中提到的期刊影响因子就是评价期刊质量的重要指标之一。了解不同期刊的影响因子，我们就能直观判断文章发表的平台优劣。

此外，文中的案例分析部分也令我耳目一新，原来我们可以如此细致地剖析一篇文献，挖掘出其中蕴含的深度信息。透过实例，我明白了作者提出的语义单元拆解法在实际操作中的应用，这些生动的案例成为我学习和研究时的重要参考。比如，对摘要部分的解读就让我了解到，原来摘要中每一句都蕴含着丰富的学术价值，我们需要逐句分析，挖掘作者的研究动机、创新点和意义所在。这种"逐词逐句"体会文本的方式极大拓宽了我的文献阅读视角。

我最为欣赏的是，这本书秉持"授人于鱼不如授人于渔"的理念，从多个层面帮助读者形成自主分析文献的能力。比如，"找人去问"这一章为我们指明了人脉资源的价值，让我们学会主动与前辈交流。这不仅能直接获取权威解读，也是汲取学术营养、提高判断力的捷径。此外，"用好文献综述"这一章则说明了"站在巨人的肩膀上"的重要性。综述文章整合了大量文献成果，是快速把握学科发展脉络的最佳途径之一。读懂高质量综述，就等于在短时间内吸收了多个优秀研究的精华。这种"利用他人成果"的能力极大提升了我们的工作效率。

更难得的是，作者还从宏观的角度，系统介绍了文献计量学等前沿工具在学科发展中的应用，让我们能从更高的维度审视所在的学科，把握学科发展的脉络。这些内容对于培养核心竞争力具有非常重要的意义。比如学科关键词分析，可以直观显示一个领域的研究热点与演变。了解热点走向，我们在选择研究内容时就能捕捉到最前沿的方向。这种宏观的、整体的文献分析方法，极大地拓宽了研究人员的视野，也为判断选题的价值提供了依据。

简言之，这是一本极其优秀的学术文献阅读指南，它为广大研究人员搭建了一座通往学术殿堂的桥梁。通过微观和宏观的双重视角，作者傅力老师将自己丰富的阅读心得娓娓道来，让读者能从容面对那些枯燥乏味的专业文章，发掘其中蕴含的丰富学术价值。

我相信，通过这本书，会有越来越多的科研新人能够从泥潭中快速突围，在学术的广袤天地中大放异彩。我衷心希望这本书能受到更多读者的关注，并成为助力中国科研事业腾飞的重要力量。傅力老师对学术文献的解读和分析堪称典范，他将自己多年的心得与体会融入书中，让读者在轻松愉悦的阅读过程中收获匪浅。我相信这本书一定会受到广大学子和研究人员的欢迎，成为助推中国科研发展的一张"黄金名片"。

郑玉红

江苏省中国科学院植物研究所（南京中山植物园）副研究员

前言
PREFACE

　　这个世界上，恐怕喜欢阅读文献的人寥寥无几，但是不得不阅读文献的人却已经形成一个庞大的群体。从研究生到工程师，从教授到产品经理，众多的职业人士需要与学术文献打交道，试图从中汲取丰富的知识营养。然而文献这种载体的存在价值是记录和呈现知识，作者往往在文字中塞入密度极高的信息量，很少考虑读者的阅读门槛，这就让很多人把阅读文献当作是一项专业人士的工作内容。确实，曾几何时，阅读文献只是非常小的一个群体需要掌握的技能，大多数的人一辈子跟这件事情没有交集。然而随着高等教育的发展，越来越多的人开始和学术文献打交道，至少，在生命的某一个阶段需要通过摄取学术文献中的知识来达到阶段性的目标。掌握适当的文献阅读技巧可以提高换取知识的效率，同时减轻阅读的痛苦。

　　回溯到十多年前，当我还是一个研究生时，我同样经历过那种对学术文献的无助感。那时的我，满心期待地打开一篇与我的研究课题相关的文献，希望能从中找到灵感或答案。然而，当我真正开始阅读时，才发现原来学术文献并不是那么易懂的。复杂的术语、烦琐的数据以及逻辑严密的论述，让我倍感压抑。正因为经历过那种困境，我渐渐意识到，学术文献的阅读，并不仅仅是看懂每一个词的意思，更多的是对文章的整体结构、论点的逻辑以及数据的解读进行深入理解。这种理解需要一定的技巧和方法。

在过去的几十年里，随着高等教育的普及和科研活动的增加，学术文献的数量呈指数级增长。然而，与之相对应的是，大多数的学术入门教育很少涉及如何高效地阅读学术文献。这造成了一个矛盾：一方面，我们有大量的学术资源；另一方面，我们却不知道如何去利用这些资源。为了解决这个问题，我的日常工作除了聚焦在自己的研究领域外，也开始有意识地总结学术文献的结构和特点。在十余年的时间里，我看过的文献无以计数。我试图找到一种通用的方法，帮助读者更快速地理解和掌握学术文献的内容。

这本书的核心思路，是希望提供一套系统的方法，帮助读者更高效地阅读学术文献。首先，我会介绍学术文献的基本结构和特点，帮助读者建立一个宏观的框架。其次，我会深入每一个部分，详细解释其背后的逻辑和写作原则。最后，我会介绍一些实用的工具和技巧，帮助读者提高阅读效率。除此之外，我还特地选取了一些具有代表性的文献案例，进行深入的拆解和分析。通过这种方式，我希望能为读者提供一个实际的参考，让读者能够更具体、深入地理解学术文献的内容。

我在书写过程中，有意识地将本书组织成类似工具书的形式。如果读者时间充裕，可以从头到尾阅读，这样可以更系统地掌握学术文献的呈现形式和不同类型文献的阅读方法。如果读者生活忙碌，请务必仔细阅读以下内容。下面将告诉你哪些章节是必须阅读的，以及阅读顺序如何。当你读完这些内容后，就可以将这些阅读技巧应用到日常的文献阅读中。其余的内容可以在遇到相应的文献类型时，作为工具书进行查阅。

首先，我重点推荐阅读的是第一章的"三、文献的基本类型"，这部分介绍了主要的学术文献类型及其特点，并给出了一些具有代表性的例子。其中最常见的学术文献是研究论文。接下来，第二章的"一、研究论文（Research Article）"详细介绍了研究论文的每个组成部分及其阅读方法。这些方法也可以延伸应用于其他不同类型的文献阅读。因此，我建议读者仔细阅读这一部分的内容。

然后，读者可以翻到第五章，了解阅读文献时的一些策略和技巧。该章描述了学术文献中哪些部分的信息量较低，哪些部分应该认真阅读。读完第五章后，可以返回到第三章，通过阅读一篇实际的研究论文来运用相应的技巧。

工欲善其事，必先利其器。第六章涉及提高文献阅读效率所需的软件和工具。其中第六章的"一、文献管理软件"和"三、生成式 AI 辅助阅读"在实际操作中效果显著，因此也建议阅读。

书中其余部分的内容可以从目录中一览全貌，当读者遇到相应的文献类型或问题时，可以专门翻阅相应的部分。

希望这本书的内容能够让你在阅读文献时减轻困扰，让你对学术殿堂更加充满期待。

目 录
CONTENTS

第四章　如何准确找到目标文献 149

第五章　读文献需要的一些技巧 175

第一章

为什么要学会读文献

　　进入大学后，你将频繁接触学术文献。对许多人来说，阅读文献可能会让人感到头疼，觉得难懂、枯燥且不简洁。相比之下，人们更倾向于阅读由浅入深的教材或在视频网站上寻找生动的教程。此外，你会发现，生活中人们似乎与学术文献没有太多关联，你的父母从未提及过这个词，但这并不影响父母的生活。那么，学术文献的作用是什么？阅读学术文献有哪些好处呢？

　　这里以相对论为例。如果读者只想简单了解相对论的基本概念，那么无须阅读爱因斯坦在 1905 年发表的论文《论运动物体的电动力学》（"Zur Elektrodynamik bewegter Körper"），因为很多科普图书和视频已经解释了相对论的两个基本原理：相对性原理和光速不变原理。但是，如果你想了解最新关于相对论重离子碰撞实验的研究进展，你会搜索到 2023 年 1 月 18 日发表于《自然》期刊上的论文《相对论重离子碰撞中 ϕ 和 K^{*0} 介子的整体自旋排列模式》（"Pattern of global spin alignment of ϕ and K^{*0} mesons in heavy-ion collisions"）。这篇论文确定了高温高密核物质中的"整体极化"新效应，并验证了中国理论核物理学家提出的超子和矢量介子的自旋整体极化理论。这些新发现无法在任何一本教材或教程中找到。

　　因此，教材就像是一本知识地图，它们为我们提供了在各个领域中已被公认的知识体系。教材的内容经过严格的筛选和整理，确保了知识的准确性和易于理解。教材的目的是帮助读者学习和掌握基本概念、原理和技能，为进一步的学术研究和实践打下基础。而学术文献像是一本探险日志，记录了学者们在知识的边界上的勇敢尝试和发现。论文中的观点和结论在发表时往往是最新的，因此可能会存在正确与错误之分。学术论文的目的是分享新的发现和观点，激发更多的探讨和研究。

一、你从文献中可以得到什么

如果你是本科生，阅读学术文献可以帮助你更深入地理解课本中的基本知识和概念，提高你在所学专业领域的理解和应用能力。学术文献记录了一个领域的最新研究成果和发展动态。通过阅读文献，你可以了解自己所学领域的前沿问题和研究热点，为职业发展提供参考。同时，阅读文献能够锻炼独立思考的能力和批判性思维。在阅读过程中，你需要对文献的观点和结论进行分析、评估和质疑，这有助于培养分析和解决问题的能力。此外，阅读文献在很多情况下是一种自主学习的方式。在阅读文献的过程中，你需要发挥自己的主动性和积极性，这有助于培养你的终身学习能力。阅读学术文献也是本科生撰写毕业设计和毕业论文时必不可少的环节。撰写毕业设计和毕业论文时，需要查找大量相关资料和文献，以支持自己的观点和论据。此外，阅读学术文献也是研究生阶段必不可少的技能。通过提前阅读文献，本科生可以为今后的研究生学习打下基础。

如果你是一名硕士研究生，你需要在本科阶段的基础上更深入地学习专业知识。阅读学术文献可以帮助你了解所学领域的最新研究进展和前沿动态，进一步深化专业知识。作为一名硕士研究生，你需要开始进行学术科研，而阅读学术文献有助于提升你的研究能力。通过阅读文献，你可以学到不同的研究方法和技巧，为自己的研究项目提供借鉴。在这个阶段，你可能需要发表学术论文才能毕业。阅读学术文献可以让你熟悉学术界的写作风格、引用规范和论证方法，从而提高学术素养，这对于撰写论文非常重要。按照我国现阶段的硕士研究生培养方案，硕士学位论文都需要进行外审。因此，通过阅读学术文献正确撰写学位论文是获得硕士学位的必要条件。

如果你是一名博士研究生，你需要在所学领域取得突破性的成果，因此需要不断掌握研究前沿和发展动态。阅读学术文献有助于了解所学领域的最新进展，为自己的研究提供指导。博士研究生的研究要求独特创新，阅读学术文献可以激发创新思维，帮助找到新的研究问题和解决方案。同时，你需要了解不同研究方法的优缺点和适用范围，为自己的研究设计提供参考。博士研究生往往需要在多个学科领域开展研究。阅读学术文献可以让他们了解不同学科的知识和研究方法，培养跨学科的思维能力。例如，计算社会科学博士生在阅读文献时，需要关注计算机科学、社会学和统计学等多个领域的最新进展。此外，通过阅读学术文献，你可以了解其他研究者的观点，为与同行交流打下基础。例如，在学术会议上，与会者可以通过讨论文献中的观点，建立联系和开展合作。

如果你是一名青年教师，你需要申请各类科研基金来支持自己的研究项目。阅读学术文献可以为基金申请提供有力的论据。你需要开始在学术界树立自己的地位，阅读学术文献可以了解同行的观点和成果，从而在撰写论文和参加学术交流活动时展示自己的专业素养。此时的你一定已经不甘于仅仅继续钻研博士时的研究课题，需要不断寻找新的研究方向。阅读学术文献可以了解所学领域的知识空白和潜在研究方向，从而为自己的研究项目提供灵感。在撰写学术论文方面，作为一名青年教师，你需要不断提升自己的学术写作能力，学习如何用准确、简洁和有条理的语言表达自己的观点和展现自己的成果。此外，你还需要在教学工作中传授最新的学术知识。阅读学术文献可以为你提供最新的教学内容，同时可以帮助你了解教学方法和技巧，提升教学水平。

二、学术文献为什么难读

由于学术文献已经不再涵盖教材中的基本概念、原理和技能，而是在无数前人探索成果的基础上"更进一步"，因此它确实不那么容易阅读和理解。学术文献之所以难以理解，主要有以下几个原因：

（1）**专业术语众多**：学术论文通常面向特定的专业领域，会使用大量专业术语和概念。对于不熟悉这些术语的人来说，理解起来会比较困难。例如，在一篇关于生物学的论文中，可能会出现"基因表达""转录因子"等专业术语。非生物学专业的读者可能需要查阅相关资料才能理解这些术语的含义。

（2）**结构复杂**：学术论文一般由多个部分组成，如摘要、引言、方法、结果、讨论等，结构相对复杂。读者需要按照论文结构逐步阅读，才能完全理解研究的背景、目的、方法和结论。例如，在一篇关于心理学实验的论文中，作者可能会详细描述实验设计、数据分析方法并对结果进行讨论。对于没有相关背景知识的读者来说，理解这些内容可能需要花费较多的时间和精力。

（3）**内容深入**：学术论文通常聚焦于某个领域的前沿问题和最新研究成果，内容较为深入。读者要具备一定的基础知识和阅读能力，才能够理解论文的主要观点和结论。例如，在一篇关于量子物理的论文中，作者可能会讨论量子纠缠和量子计算等复杂的概念。对于没有学过量子物理的读者来说，要理解这些概念可能非常困难。

（4）**表达方式抽象**：为了严谨和准确地表达观点，学术论文通常使用很多抽象的语言和数学公式。这可能会让一些没有相关背景知识的读者感到难以理解。例如，在一篇关于数学建模的论文中，作者可能会用大量数学公式和定理来描述问题和解决方案。对于不熟悉数学符号和公式的读者来说，理解这些表达方式可能是一项挑战。

因此，为了更好地理解学术论文，读者除了需要具备一定的背景知识之外，阅读技巧也是必不可少的。

三、文献的基本类型

发展至今，学术文献根据内容的不同已经发展出多种类型。以下是最常见的文献类型及其例子。它们不仅是初学者接触学术研究时最易接触到的类型，也是主流学术出版中对文献普遍进行的分类。

研究论文（Research Articles）通常发表于学术期刊上，记录了经过同行评审的研究成果。比如，阿尔伯特·爱因斯坦（Albert Einstein）在 1905 年发表的著名论文《关于光的产生和转化的一个启发式观点》，发表在学术期刊《物理学年鉴》上。该论文阐述了光子概念，为光电效应提供了理论解释。爱因斯坦凭借这项工作在1921年获得了诺贝尔物理学奖。这篇论文提出的光既是波动现象又是粒子集合的观点改变了当时对光的传统认知，为量子力学的发展奠定了基础。

综述文章（Review Articles）总结和评价某一领域最新进展，通常由该领域的专家撰写。例如，安德鲁·法尔（Andrew Fire）和克雷格·梅洛（Craig Mello）于2002年发表在《自然》期刊上的综述文章《RNA干扰》，总结了当时关于RNA干扰的研究进展，并阐述了RNA干扰在基因表达调控和研究中的重要作用。法尔和梅洛详细介绍了RNA干扰的发现、机制、实验方法和应用，以及其在生物学、医学和遗传学中的潜在价值。这篇综述为RNA干扰领域的研究者提供了重要的参考，对学术界产生了广泛影响。法尔和梅洛凭借他们在RNA干扰领域的开创性研究，于2006年获得了诺贝尔生理学或医学奖。

会议论文（Conference Papers）是在学术会议上发表的研究成果，通常要经过审稿过程。会议论文的质量和影响力因会议而异，顶级会议的论文通常具有较高的学术价值。例如，亚历克斯·克里泽夫斯基（Alex Krizhevsky）、伊利娅·苏特斯科娃（Ilya Sutskever）和杰弗里·辛顿（Geoffrey Hinton）在2012年的"神经信息处理系统"（NeurIPS）会议上发表了论文《Imagenet分类与深度卷积神经网络》。该论文介绍了一种名为AlexNet的深度卷积神经网络（DCNN），在当时最具挑战性的计算机视觉比赛ILSVRC上取得了突破性成果。这一成果展示了深度学习方法在计算机视觉任务上的强大性能，引发了深度学习领域的研究热潮。这篇论文对深度学习和计算机视觉领域产生了深远影响，推动了一系列先进的神经网络模型的发展，如VGG、ResNet、Inception等。

学位论文（Theses and Dissertations）是为获得学士、硕士或博士学位而完成的学术研究成果。学位论文通常包括文献综述、研究方法、实验结果和讨论等部分。其中一些学位论文在学术界产生了深远的影响，如米歇尔·福柯（Michel Foucault）的博士学位论文《疯癫与文明》。在这篇论文中，福柯探讨了疯狂在西方文明中的历史变迁和社会认知。他分析了从中世纪到现代的心理病和疯狂观念的演变，以及这些观念如何在不同历史时期受到社会制度和权力关系的影响。福柯的分析为研究疯狂、心理病和社会控制之间的关系提供了一个新的视角。这篇学位论文在哲学、历史学、社会学和心理学等多个学科产生了广泛讨论。福柯的观点对后来的批判理论、精神分析和社会政策研究产生了重要影响。

专利（Patents）是描述和保护发明创新的法律文件。专利文献通常包含发明的背景、技术领域、实施方式和权利要求等信息。例如，詹姆斯·瓦特于 1769 年获得了英国专利号为 913，名为《改进蒸汽发动机》的专利。该专利描述了瓦特对新科米恩（Newcomen）蒸汽发动机进行的重要改进，其中最重要的改进是引入了一个单独的冷凝器，使发动机在工作过程中可以维持恒定的温度。这一创新减少了热量损失，提高了蒸汽发动机的能效。瓦特的这项专利对工业革命产生了深远的影响，改进后的蒸汽发动机成为当时工业生产的核心动力来源，推动了交通、制造业和矿业等领域的技术进步和经济发展。

专著（Monographs）是由专家或学者撰写的关于某一专题的书籍，通常涵盖了该领域的理论、方法、实践和研究进展等方面。例如，保罗·萨缪尔森（Paul A. Samuelson）于 1948 年出版了《经济学》(*Economics*)。《经济学》是一本经典的经济学教材，涵盖了经济学领域的理论、方法、实践和研究进展。这本书为读者提供了一个系统的经济学入门课程，包括微观经济学、宏观经济学、国际经济学、劳动经济学、货币经济学等多个子领域。萨缪尔森在书中阐述了经济学的基本概念、原理和模型，以及它们在现实世界中的应用。《经济学》对经济学领域产生了深远影响，被誉为 20 世纪最重要的经济学教材之一，在全球范围内被广泛使用，对经济学家的培养和经济学研究方法的发展产生了重要影响。萨缪尔森凭借其在经济学理论和教育方面的贡献，于 1970 年获得诺贝尔经济学奖。

学术文集（Edited Books）是由多位作者撰写不同章节，由一位或多位主编负责组织和审定的书籍。这类书籍通常围绕一个主题或领域，展示多个研究者的观点和成果。例如，2021 年笔者翻译了一本学术文集《纸还有未来吗：一部印刷文化史》(*Interacting with Print: Elements of Reading in the Era of Print Saturation*)，由斯坦福大学、伦敦大学、麦吉尔大学等多家高校的 22 位资深学者编著。该书从文学、绘画、戏剧、历史、传媒、视觉艺术等多个学科的角度探讨了基于纸张的文明进化史。

报告（Reports）通常是由政府、企业、研究机构等组织发布的关于某一研究主题的详细报告。报告通常包括背景、目的、方法、结果和建议等部分。例如，布伦特兰委员会撰写的《我们共同的未来》(*Our Common Future*)，于 1987 年由联合国世界环境与发展委员会发布。这份报告聚焦于全球环境问题与可持续发展的挑战，详细分析了环境恶化、资源枯竭、经济发展与社会公平等一系列紧迫问题。报告提出了"可持续发展"这一概念，将其定义为"满足当代人类需求的发展，同时不危害后代，满足其需求的能力"。这份报告对全球环境保护和可持续发展领域产生了深远影响，为政府、企业和研究机构等组织提供了一个关于环境与发展问题的全球性视角，并提出了一系列政策建议。

......

尽管在后续的文献解读中，笔者会按照上述的分类方法逐一进行讲解，但学术文献的分类方法不仅仅限于这些。读者还应该了解以下这种论文的分类。它可以帮助读者敏锐地察觉文献的实质类别，从而快速识别是否为读者所寻找的资料。

数据导向型文献（Data-driven Paper）是最常见的论文类型，它主要依赖于数据收集、分析和解释来支持论文的主要结论和观点。数据导向型文献可以是调查研究。调查研究通过收集大量的问卷调查数据来了解人们的观点、态度和行为。例如，一篇关于消费者购买决策的论文可能通过调查问卷收集大量购买者的数据，并分析这些数据，以揭示消费者的偏好和决策因素。它也可以是实验研究论文。实验研究论文通过实验来收集数据，并根据数据的分析和结果得出结论。例如，一篇关于新药疗效的论文可能会设计并执行一系列的实验，收集药物在不同条件下的治疗效果数据，然后通过对数据的分析来评估药物的疗效和副作用。此外，它还可以是数据分析论文。数据分析论文利用已有的数据集进行分析和解释，以支持特定的假设或研究问题。例如，一篇关于气候变化影响的论文可能会使用气象观测数据和模拟模型的输出数据，对不同因素对气候变化的影响进行分析，并得出相关的结论和预测。

方法导向型论文（Method-mongering Paper）是一种注重介绍

和讨论研究方法的学术论文。它们侧重于描述和评估特定研究方法的有效性、适用性和局限性。例如，一篇名为《深度学习中的卷积神经网络架构比较》的论文属于方法导向型论文，它会比较深度学习中常用的卷积神经网络架构，如 LeNet、AlexNet、VGG、ResNet等。该论文会详细介绍每种架构的结构、参数设置、激活函数和优化算法，并评估它们在图像分类、目标检测或语义分割等任务上的性能差异。该论文还会讨论各种架构的适用性、计算效率和泛化能力，以帮助研究者选择最适合其应用的卷积神经网络架构。又如，一篇名为《质性研究方法比较：案例研究与现象学分析》的论文也属于方法导向型论文，它会比较质性研究方法中的案例研究和现象学分析。该论文会解释这两种方法的基本原理、数据收集技术和数据分析方法，并讨论它们在不同研究领域中的适用性和局限性。该论文还会提供实际案例和研究经验，帮助读者理解和运用这些质性研究方法。

教学指导型论文（Tutorial Paper）是一种旨在向读者提供深入理解和指导的学术论文。它们通常涵盖某个特定主题或领域的基本概念、理论、方法和应用。这类论文非常有价值，然而学术期刊较少发表这类论文，因为教学指导型论文通常不涉及原创性的研究。然而，近年来这类论文的数量呈上升趋势，很多科研相关的软件、应用和数据库的创造者会在学术期刊上发表相应的操作和应用指南。例如，陈超美教授在《美国信息科学与技术学会学报》上发表的经典论文《CiteSpace Ⅱ：科学文献中新趋势与新动态的识别与可视化》就属于教学指导型论文。又如，笔者所在研究领域的安东尼奥·多姆萨尼奇－卡博教授团队在《分析化学学报》上发表的《用于考古、保护和修复中颜料和矿物鉴定的固定化颗粒伏安数据在线数据库（ELCHER 数据库）》也是教学指导型论文。

意识唤醒型论文（Consciousness-raising Paper）是一种旨在唤起人们对特定议题或问题的意识和关注的学术论文。这些论文通过提供深入的分析、关键的见解和引人入胜的论证来推动某一领域的思考和行动。例如，一篇名为《可持续能源技术的意识唤醒：解决气候变化的创新途径》的论文会将关注点放在可持续能源技术的发展和应用上，唤起人们对气候变化和能源危机的意识。该论文会探讨可再生能源、能源转型和节能减排等方面的创新途径，并强调推动可持续能源发展的重要性和挑战。该论文旨在引起社会对清洁能源解决方案的关注和行动。又如，一篇名为《性别平等的意识唤醒：挑战社会偏见和歧视》的论文旨在唤起人们对性别平等的关注。该论文会深入探讨社会中存在的性别偏见、歧视和不平等问题，并提出解决方案和行动计划。该论文通过分析数据、案例研究和社会变革的实例，努力激发社会对性别平等的意识，并促进性别平等的变革。再如，一篇名为《当代艺术的意识唤醒：突破传统边界的创新实践》的论文旨在探索当代艺术的发展和挑战，唤起人们对创新实践和艺术边界的意识。该论文会讨论跨学科艺术、数字媒体、社会参与艺术等新兴领域的艺术实践，并分析其对社会、文化和审美的影响。该论文旨在激发艺术界和公众对当代艺术的关注和思考。

第二章

不同类型文献的阅读方法

不同类型的文献在结构上存在显著差异，它们的侧重点也各不相同。因此，读者在阅读不同类型的文献时需要采用不同的方法和策略。在本章中，笔者将详细介绍五种最常见的文献形式及其特点和阅读方法。此外，在最后一部分还会介绍 9 种相对较少见但仍然重要的文献形式。除此之外，还有一些日常可能较少关注的文献类型，或者说在特定领域中才出现的文献类型，这些类型被收录在附录 4 中。

一、研究论文

研究论文（Research Article）是学术期刊中常见的一种论文类型。它以原始研究为基础，旨在向学术界和相关领域的专业人士传达新的研究发现、方法和理论。下面是两个例子：

例一　《肇庆市智慧养老行业调查与研究》

这篇研究文章采用了随机抽样和分层抽样两种抽样方法，并通过问卷调查和实地调查了解了肇庆市当地居民智慧养老的情况。研究者利用 SPSS 对收集的数据进行了描述性统计分析和相关性分析，并进一步进行了二元分类 Logistic 回归模型和 CiteSpace 可视化分析。最后，文章给出了与调查研究相关的结论和建议。

例二　《基于激光测风雷达的风电机舱前馈控制与风功率性能研究》

这篇研究文章针对激光测风雷达技术进行了风电机舱前馈控制的应用研究。研究者通过前馈控制作用于风机偏航机构，并与反馈控制系统共同控制风机桨距角，以实现更精确的风向控制，提高风能的利用效率，并解决了风机齿轮箱磨损老化等问题。

研究论文根据不同领域的差异而有所不同，但它们有一个共同之处，即使用研究方法。研究论文使用的研究方法通常包括以下几种：

正式实验（Formal Experiment）是一种常用于测试和验证假设或理论的研究方法。在这种方法中，研究者有意识地操作自变量（独立变量），以观察其对因变量（依赖变量）的影响。其目的是通过系统地收集、分析和解释数据，确定变量之间的因果关系。在正式实验中，为了确保可靠性和有效性，研究者通常遵循严格的研究设计和标准化的程序。一个常见的例子是研究药物的疗效。假设某种新型药物可以降低患者的血压，在这种情况下，研究者会将参与者随机分成两组：实验组和对照组。实验组接受新药物的治疗，而对照组接受安慰剂或传统治疗。然后，研究者记录参与者的血压，并比较两组的结果。通过对比两组之间的差异，研究者可以确定药物的疗效是否显著。正式实验还可以用于比较不同学习方法的效果。例如，研究者可能想要确定两种不同的学习方法（例如，阅读和听讲座）对学生记忆效果的影响。为了进行这个实验，研究者将参与者随机分配到两组，一组要求阅读相关材料，另一组要求听讲座。之后，研究者对两组参与者进行测试，以评估他们对学习内容的记忆程度。通过比较两组的表现，研究者可以得出结论，确定哪种学习方法更有效。

　　田野实验（Field Experiment）是一种在真实世界环境中进行的科学实验，研究者通过操纵和观察变量来评估其对现实情况的影响。与正式实验相比，田野实验更具有外部有效性，因为它在真实的日常环境中进行，可以更好地反映实际情况。在田野实验中，研究者需要进入特定场所或社区，并与参与者直接互动。一个典型的例子是环保行为实验。假设作者想要测试一种环保行为宣传活动对人们的行为改变的影响。作者可以选择一个社区，随机将其分为两组。在实验组中，作者展开一项宣传活动，如分发环保宣传册、组织环保讲座或开展社区清洁活动。对照组则不接受任何特殊宣传。然后，作者通过观察和调查参与者的环保行为（如回收垃圾、节约能源等），来评估宣传活动对环保行为的影响。田野实验也常用于商业环境中，以评估新产品、服务或策略的效果。例如，一家快餐连锁店想要测试一种新的促销策略对销售额的影响。作者可以在特定的分店中实施这种促销策略（如打折、送赠品等），而其他分店则继续采用传统策略。通过比较实施促销策略和未实施促销策略的分店的销售数据，作者可以评估新策略对销售额的影响，并做出相应的商业决策。

　　案例研究（Case Study）是一种深入研究特定个体、群体、事件或现象的研究方法。它通过收集详细的信息和数据，深入了解和描述所研究的案例。案例研究常常采用多种数据收集方法，包括面试、观察、文档分析等，以获取全面的信息，并生成详尽的案例描述。案例研究通常用于探索性研究、理论生成或对特定情境进行深入理解。一个案例研究可以是个人案例研究。例如，作者可以进行一项个人案例研究，以深入了解某个患有焦虑症的患者。作者可能通过面试患者、观察其行为和情绪表现，并分析相关文档（如医疗记录、日记等），以了解患者的症状、诊断和治疗进程。这样的案例研究可以提供个体层面上的详细信息，有助于理解焦虑症的病因、症状和治疗策略。在组织管理领域，案例研究经常用于深入了解特定公司、组织或团队的运营、决策过程和管理实践。例如，作者可以对某家跨国公司的国际市场拓展策略进行案例研究。作者可以通过面试公司高层管理人员、分析公司文件和报告，并观察公司的市场活动，以了解其国际市场拓展的成功因素和面临的挑战。这样的案例研究可以提供实际组织情境下的管理经验和教训，对类似的企业决策具有启示作用。

行动研究（Action Research）是一种基于实践和问题解决的研究方法，旨在改善实际问题和实践中的情况。它将研究和行动紧密结合，通过反思、实施和评估行动来推动变革和改进。行动研究通常由从事实际工作的专业人士或组织成员进行，他们积极参与并与研究者合作，共同解决问题和改善实践。例如，一位教师可以通过行动研究来改善自己的课堂教学方法。首先，教师会识别一个教学问题，例如学生参与度低或学习成绩不理想。然后，教师采取一项具体的行动，如引入新的教学策略、改变学习活动的形式或提供个性化的支持。在实施行动后，教师会观察和记录学生的反应、参与度和学习成果。随后，教师与学生合作，分析数据并进行反思，以评估行动的效果，并根据结果进行调整和改进。这个过程是循环往复的，教师不断尝试新的行动并进行反馈和调整，以不断提升教学质量。同样地，组织中的管理人员可以进行行动研究，以改善组织绩效和员工满意度。管理人员首先确定一个具体的问题或挑战，如沟通不畅、决策效率低或员工流失率高。然后，管理人员与团队成员合作，制定并实施相应的行动，如改善沟通流程、优化决策制度或提供更好的员工福利。在实施行动后，管理人员收集数据、观察组织氛围和员工表现，并与团队成员进行反馈和讨论。基于数据和反馈，管理人员进行评估和调整，进一步推动组织发展和改进。综上所述，行动研究是一种基于实践和问题解决的方法，通过反思、实施和评估行动来改善实际问题和实践中的情况。教师和管理人员都可以利用行动研究的循环过程，与相关人员合作，解决问题并推动改进。这种方法有助于提升教学质量和组织绩效，并促进个人和组织的持续发展。

调查研究（Survey）是一种广泛使用的研究方法，通过向一定数量的参与者提问来收集数据和信息。它旨在了解人们的观点、态度、行为和特征，并推断出更大人群的情况。调查研究可以通过不同形式的问卷、面谈或电话访问等方式进行。民意调查是调查研究的一种常见形式，用于测量人们对特定议题或话题的观点和态度。例如，在政治领域，作者可能进行一项关于选民支持的调查，以了解选民对候选人、政策或选举问题的看法。作者会设计一份涵盖相关议题的调查问卷，并通过电话、在线或面对面的方式，向一定数量的选民提问。通过分析收集到的数据，作者可以推断出更大人群的态度和趋势，为政治决策和舆论分析提供依据。市场调研是商业领域中常用的调查研究形式，主要用于了解消费者行为、市场需求和产品偏好。例如，一家公司可能希望了解其目标市场对新产品的兴趣和接受程度。作者会设计一份涵盖产品特点、价格、品牌意识等方面的调查问卷，并通过在线调查、面对面访谈或邮寄问卷等方式，收集消费者的反馈信息。通过分析数据，作者可以评估市场需求、产品潜力和市场竞争力，从而指导公司的市场战略和产品开发。

……

无论使用了哪一种研究方法，研究的成果最终若是以研究论文的形式被学术期刊发表，那么它通常会具有严谨的论文结构。这种结构包括摘要、引言、方法、结果、讨论和结论等部分，以确保逻辑清晰、可重复性和科学性。需要注意的是，一篇研究论文所包含的结构和研究领域的习惯有关，也和发表论文的期刊的要求有关。因此，有些论文会包含所有这些部分，也有一些论文的结构有所不同。

在学术论文中，与文学创作不同，作者需要在不同的结构中呈现出固定种类的信息。因此，从一篇论文的结构中高效获取信息，是在学术这条路上必须掌握的技能。研究论文是整个学术体系中产量最大的类别，下面我们将对其进行结构的拆解，以便深入了解其中的细节。

1. 标题（Title）：论文研究的概览

阅读文献时，大家首先注意到的是论文的标题。如今的文献查阅主要依赖于网络搜索引擎，读者可以通过关键词搜索的方式进行筛选。论文的标题与搜索关键词的匹配度越高，目标群体找到该论文的概率越大。因此，学术研究论文的标题通常力求简洁明了，在有限的字数内对论文进行概览。

对于一篇学术研究论文来说，它的标题通常能提供以下五项关键信息：

（1）**研究领域**：标题通常明确指出研究所涉及的细分领域。

（2）**研究主题**：标题揭示了研究的主要主题或关键词，有助于读者初步了解论文的主要关注点。

（3）**研究方法**：论文标题可能包含研究所采用的方法，特别是当这些方法对研究结果产生重要影响时。

（4）**研究目标或结论**：有些标题直接或间接指向了研究的目标或主要发现。

（5）**研究对象**：如果研究是针对特定对象进行的，比如特定的种群、地区或数据集，这些信息可能也会包含在标题中。

读者可以从以下两个例子中提取信息：

例一 《城市化进程对乡村教育的影响：一项使用混合方法研究的中国案例分析》

研究领域：这篇论文属于社会科学领域，特别是教育学和地理学。

研究主题：论文的主题是"城市化进程对乡村教育的影响"。

研究方法：研究者采用了"混合方法研究"，结合了定量研究方法和定性研究方法。

研究目标或结论：论文旨在理解和解析城市化进程如何影响乡村教育。

研究对象：这项研究的背景和主要研究对象是"中国"，研究数据和结果主要针对中国的情况。

例二 《利用强度激增的纳米级铁磁共振实现铁磁-超导耦合材料中的量子信息存储》

研究领域：这篇论文属于物理学领域，具体是量子物理和凝聚态物理。

研究主题：论文的主题是"铁磁－超导耦合材料中的量子信息存储"。

研究方法：论文采用了"利用强度激增的纳米级铁磁共振"的研究方法，这是一种实验技术。

研究目标或结论：论文的目标是实现和优化铁磁－超导耦合材料中的量子信息存储。

研究对象："铁磁－超导耦合材料"是论文的研究对象，它指的是一种特定的物理系统。

以上是理想状态下的研究论文标题。它能够让一个经过简单学术训练的人一眼看出这项研究的主题和方法，吸引那些有兴趣的人去看具体的内容。然而，现实情况是，并不是每一篇论文的作者都有这样的意识，因此有些研究论文的题目中呈现的信息会相对较少。让我们来看一个例子。假设有一篇研究论文的题目叫作《在铬掺杂铁磁性氧化镉的外延薄膜中探寻新型磁电效应》。乍看之下，这篇论文的题目没有问题，下面我们来看看这个标题缺失了什么：

研究领域：从标题中读者可以推断出，这篇论文属于物理学领域，具体是凝聚态物理。

研究主题：标题明确提出，这篇论文的研究主题是"在铬掺杂铁磁性氧化镉的外延薄膜中探寻新型磁电效应"。

研究方法：虽然这篇论文的标题没有明确指出使用了哪种研究方法，但读者可以从"探寻"这个词推断，作者可能使用了一种或多种实验技术。

研究目标或结论：标题只提到了"探寻新型磁电效应"，但并没有明确论文的具体目标或主要结论。

研究对象：这篇论文的研究对象是"铬掺杂铁磁性氧化镉的外延薄膜"。

总的来说，这个标题的主要缺点是缺乏明确的研究方法以及目标或结论。这使读者很难从标题中获取足够的信息来判断自己是否对论文的主要内容感兴趣。

论文标题的确对于吸引读者和澄清论文主题有重要作用。然而，一个不太理想的标题并不一定意味着论文内容的质量不佳。因为标题是由论文的作者选择的，可能受到各种因素的影响，包括个人风格、期刊要求、研究领域的习惯等。举个例子，约翰·巴克斯（John Backus）在1978年发表了一篇标题为《编程能从冯·诺伊曼风格中解放出来吗？函数式风格及其程序代数》的论文。这个标题提出了一个直接的问题，而这在学术论文标题中并不常见。然而，这篇论文是函数式编程领域的里程碑，对计算机科学产生了深远的影响。

因此，想要快速从一篇论文的标题来确定它的价值，读者可以结合刊登这篇论文的期刊进行综合评价。如果一篇标题不是那么清晰易懂的论文刊登在某个领域公认的优秀期刊上，那么它的内容在较大的概率上会值得一看。这是因为这些期刊的编辑和审稿人对于刊登的论文会有较高的要求。以约翰·巴克斯的论文为例，它发表的杂志是《ACM通讯》，这本杂志刊登了大量高水平的学术论文，并且要求文章必须通俗易懂，不追求数学上的严格证明，而追求易于理解的直觉描述。在十几二十年前，这本期刊上的论文几乎都是经典之作。因此，结合期刊的声誉和要求来评估论文的质量是一种有价值的方法。

2. 期刊：论文的平台

一般的学术期刊（Journal）都有限定的学术领域和专业性。期刊的名称和它的收稿声明通常可以帮助读者理解其关注的学术领域。举个例子，《现代语言学会刊》（*Publications of the Modern Language Association*，*PMLA*）是一个文学研究领域的知名期刊。它主要收录那些对语言和文学研究有广泛兴趣的稿件。再如，《IEEE 机器人学报》（*IEEE Transactions on Robotics*）是一个机器人工程领域的知名期刊。它发表关于机器人学所有方面的基础论文，特别强调来自计算机科学、控制系统、电气工程、数学、机械工程等领域的跨学科研究。

学术期刊中也有综合性的期刊，对论文的研究领域设定较为宽泛。举个例子，《自然》（*Nature*）是科学领域最知名的期刊之一，每周出版一次。它发表了所有科学和技术领域中最优秀的同行评审研究，主要依据其原创性、重要性、跨学科性、时效性和突破性的进展。又如，《公共科学图书馆：综合》（*PLOS ONE*）是一个知名的多学科开放获取期刊。它刊登在科学、工程、医学以及相关的社会科学和人文学科中的超过两百个主题领域的研究。然而，它在评估研究的标准中并不要求论文内容一定要有创新性或突破性，但会强调内容的科学性，且需要符合伦理道德标准。

当一个学术新人确定了自己的研究课题后，需要有意识地去了解这个课题相关的论文常被发表在哪些学术期刊上。这可以帮助读者了解自己的课题在学术界的位置和接受程度。通过查看在哪些期刊上发表了相关文章，读者可以了解到自己的研究领域在整个学术界中的地位，以及该领域的研究热点和趋势。此外，这可以帮助读者了解哪些期刊可能会对自己的研究感兴趣。如果一本期刊经常发表与自己课题相关的文章，那么它可能就是未来投稿的一个好选择。同时，读者也可以通过阅读这些相关文章，了解其内容和质量，来确定自己的文章需要达到的标准。阅读相关文章还可以帮助读者扩展自己的知识库，了解研究领域的最新进展。读者可能会发现新的方法、理论或数据，这些都可以为自己的研究提供宝贵的启示。

这是文献追踪中非常重要的一步，是一个既有策略性，又有实用性的过程。在熟练后，读者只需要看一眼文献的标题和期刊名称，就能在内心对这篇还未阅读的论文确定一个大致的期待度。读者会预判这篇论文究竟是这个课题中非常新颖的创新，还是一个虽然不新颖但非常系统翔实的研究，还是一项换汤不换药的重复性工作。

想要达到这种效果，读者需要对不同期刊的声誉有一个概念。评价期刊的声誉有不同的标准。我国的学者一般来说面临的是两套标准，一套是用于中国期刊的评价标准，另一套是用于科睿唯安公司的学术数据库产品中收录的期刊的评价标准（相应的期刊评价、影响因子、分区等介绍见附录 1）。

学术期刊是一篇学术论文发表的平台。期刊的声誉可以为读者提供关于所发表论文质量的线索。一般来说，被发表在顶级期刊上的论文经过了严格的同行评审过程，因此它们的质量被认为是高的。举个例子，2012 年，两组科学家在《物理快报》（*Physical Review Letters*）上独立发表了关于希格斯玻色子的发现，这个发现为粒子物理学的标准模型提供了关键的缺失部分。这两篇论文都受到了广泛的关注和高度引用。又如，2012 年，埃玛纽埃勒·沙尔庞捷（Emmanuelle Charpentier）和珍妮弗·道德纳（Jennifer A. Doudna）在《科学》杂志上发表了 CRISPR-Cas9 基因编辑技术的研究成果，这项技术引发了生命科学领域的一场革命，两人因此在 2020 年获得了诺贝尔化学奖。

然而，阅读文献时也不能迷信期刊。并不是所有在顶级期刊上发表的论文都有极高的价值。2022 年，《科学》杂志报道，西尔万·莱斯内（Sylvain Lesné）等人 2006 年在《自然》杂志上发表的一篇关于阿尔茨海默病的研究涉嫌造假。这篇涉嫌造假的论文至今已被引用 2300 多次，并在十多年的时间里误导了阿尔茨海默病其中一个努力的方向。因此，读者在阅读文献时仍然需要保持辨识力，不可盲目迷信期刊的声誉。

同时，即使是在非顶级期刊上发表的论文，只要研究质量高，也同样可能产生深远的影响。举个例子，唐娜·斯特里克兰（Donna Strickland）与热拉尔·穆鲁（Gérard Mourou）1985 年在《光学通信》（*Optics Communications*）上发表了一篇题为 "Compression of amplified chirped optical pulses"（《放大啁啾光脉冲的压缩》）的论文。这篇论文介绍了他们如何使用脉冲拉伸技术来产生超短且超强的激光脉冲。这种技术现在被广泛应用于眼科手术中，以及大型激光设备，如欧洲的大型硬 X 射线自由电子激光和美国的激光惯性融合能源项目中。尽管《光学通信》并非影响力最大的期刊之一，但这篇论文的影响力却非常广泛。2018 年，斯特里克兰和穆鲁因为在激光物理领域的这项开创性工作，共同获得了诺贝尔物理学奖。

3. 作者和发表时间：论文背后的学术网络

论文的作者和发表时间（Authors and publication time）往往是新手阅读学术文献时会忽略的部分。读者可能会认为这些非学术信息只是代表了这项研究工作的主导者和参与者，以及这项研究是何时发表的。然而，实际上，对于掌握一个领域的全貌来说，这些看似非学术的信息极其关键。在日常与其他研究人员的交流中，每当谈及某项研究时，很多人会发现，真正的专家总会询问：这个研究出自何处？发表在哪个期刊？何年出版？因此，为了更有效地进行学术交流，这些被视为非学术的信息实则不可或缺。

如今学术这棵大树早已枝繁叶茂，每一个学者都是在某一根小小的枝头专注地研究具体的几个问题。因此，定位这些细分领域中的学者的研究历史和他们发表过文章的领域，可以了解他们的专业知识领域，以及他们在这一领域的经验和专业程度。

作者的发表记录可以显示他们的研究活动和生产力，以及他们的研究是否有连续性和一致性。例如，如果作者在相同的领域有许多发表物，那么这可能表明他们在这一领域有深厚的专业知识，对这一领域有持续的关注。此外，查看作者的论文引用情况，可以了解他们在学术界的影响力。如果一个作者的论文被广泛引用，那么他的研究就有可能在其研究领域具有很大影响力。

此外，了解一位论文署名作者之间的关系也很重要。作者的合作者及其合作网络是评估其研究影响力和学术观点的重要方式。学者们通过合作，建立一个交流思想、分享资源、挑战学术问题的网络。研究网络不仅仅是一组人之间的连接，还代表了各种学术观点和方法的交融，因此也是理解作者学术立场的重要途径。举个例子，如果读者正在阅读一位生物学家的论文，然后发现作者列表里有一名遗传学家，并且他们在过往的论文中也经常合作，那么读者可以推断出这位生物学家可能在遗传学方面有一定的专业知识或兴趣。同样，如果作者经常与来自不同学科的学者合作，这可能表明他们善于进行跨学科的研究，或者他们的研究方法可能更为多元和全面。另外，查看作者的合作者也可以揭示出他们可能受到的学术影响。例如，如果一位作者经常与一位在某个领域有显著贡献的学者合作，那么他的工作可能受到这位学者的强烈影响，甚至他们之间会有师承和朋友的关系。

除了作者以外，作者供职的工作机构也能够提供一些信息。读者可以了解作者是来自哪个高水平学术机构，还是一般的学术机构。通过学术机构信息，读者还可以知道这篇文章是单独由一个单位完成的，还是由多个单位联合完成的，这些合作单位是一直保持合作，还是为了完成这项研究而暂时联合。进一步，读者可以了解这些作者是属于国际顶级的研究团队，还是一般的研究团队，该团队是否一直从事此领域的研究，领导者是谁，以及其在该领域做出的重大贡献有哪些。如果能掌握这些信息，读者就能了解许多该领域的历史脉络，而非仅仅是一些冰冷的研究数据。有了这些背景信息，读者可以轻易判断某项研究是该团队偶尔进行的，还是一项系列研究的一部分。

发表时间也是经常被忽视的信息，通常那些对此视而不见的人往往没有阅读足够多的文献。对于频繁阅读文献的人来说，由于阅读量大，他们会经常接触到最新的研究，因此可以通过阅读的频率和篇数，对时间先后有大致的了解。反之，那些不经常阅读文献的人，往往会深陷于单篇文献中，无法理解其中的内容，也不会去扩展阅读，因此只能获得零散的信息。

对于新人来说，想要在短时间内了解这些作者名字背后的深层学术脉络不是一件容易的事情。但请不要忽略这些内容，至少每次看文献正文之前瞥一眼。在逐渐阅读更多的文献后，读者会意识到，有些人名时常会出现。在一段时间后，读者就可以对自己研究的课题中那些顶尖的学者如数家珍。同时，读者也会逐渐改变文献追踪的策略，不再每次都在搜索框中用关键词来搜索自己研究领域的最新成果，而是会瞄准这个领域中的重要学者及其课题组，进行有目的性的追踪。

关于本部分提到的学者／课题组文献发表追踪详见附录 2，学者影响力评价详见本书附录 3，学术合作网络分析详见第六章。

4. 摘要：对文献内容的简要概述

摘要（Abstract）在学术论文中扮演着极其重要的角色。它简洁而全面地介绍了整篇文章的主题、目的、方法、结果和结论，是读者决定是否深入阅读全文的第一站。因此，理解摘要的重要性以及有效地阅读摘要，对于提高学术阅读效率和理解深度至关重要。

摘要提供的信息一般包含以下四点：

（1）**研究的目的和重要性**：摘要的开头通常清晰地陈述研究的目标或问题，并解释这个问题值得研究的原因。它可能会简述该研究所在领域的现状，以及这项研究如何填补知识空白或解决现存问题。

（2）**研究方法**：摘要会简要描述研究使用的方法或实验设计。这部分信息可以让读者了解研究是如何进行的，以及其可靠性和适用性。

（3）**主要发现或结果**：摘要应提供关于研究结果的核心信息，包括数据分析的结果、观察到的趋势或发现的关联性。

（4）**结论或解释**：摘要的最后一部分通常包含关于研究发现意义的解释，或者这些发现对进一步研究、政策制定或实践应用的潜在影响。

在大多数的情况下，论文的摘要都是一整个段落，例如以下摘要：

中国经济进入新时代后，消费、投资、进出口对经济增长的拉动作用发生了明显变化。江西省的地理位置属于中国的中部地区，进出口贸易贫乏，对该省的经济发展作用并不显著，同时该省投资方面的支柱性产业比较少，所以相对而言消费就逐渐成为该省经济增长的主要动力。就总体消费而言，居民消费支出占比较大，然而影响居民消费的核心因素是可支配收入，因此，研究居民人均可支配收入对人均消费支出的影响就显得尤其重要。通过收集 2005—2021 年江西省居民人均收入与消费支出相关数据，运用 stata 17 软件进行统计分析，并采用凯恩斯消费函数理论来构建计量经济模型，通过农村与城镇这两个方面对江西省居民的人均可支配收入参数的消费支出的影响进行分析，得出区域不同导致两个变量之间的影响程度也有所差异，从而有针对性地提出建议来提高居民消费促进经济发展。

从这篇论文的摘要中，读者可以得到以下信息：

·**研究的目的和重要性**：本研究的核心问题是探讨中国经济进入新时代后，江西省影响消费的核心因素，尤其是居民可支配收入。考虑到中国地域差异的影响，尤其是农村与城镇的消费差异，本研究对于理解和提升江西省乃至更广泛地区的经济发展具有重要的价值。

·**研究方法**：作者首先收集了 2005 年至 2021 年江西省居民人均收入与消费支出的相关数据。随后，作者使用 Stata 17 软件进行统计分析，并采用凯恩斯消费函数理论构建计量经济模型。接着，对比分析了农村与城镇两个方面对江西省居民人均可支配收入对消费支出的影响。

·**主要发现或结果**：通过对比分析，作者发现地域差异（农村与城镇）导致了居民人均可支配收入对消费支出影响程度的变化。换言之，不同地域（农村和城镇）之间在收入和消费的关系上存在显著差异。

·**结论或解释**：基于以上研究结果，作者得出结论，要根据地域差异有针对性地提出策略，以提高居民消费，推动经济发展。尽管摘要中未详细说明具体建议，但我们可以推断，这些建议可能涉及如何根据农村和城市的差异性调整经济政策，以更有效地利用可支配收入来提高消费支出，从而推动经济增长。

有些期刊对论文的摘要有特定的格式要求，要求作者按照论文的目标、方法、结论等角度逐一撰写，以便于读者理解，例如以下摘要：

目的：基于手机的人类活动识别（HAR）是通过分析惯性手机传感器数据推断用户的活动类型。本文的主要目的是介绍一种称为自适应 K 最近邻（AKNN）的新分类方法。该方法利用智能手机惯性传感器进行 HAR，并具有潜在的实时实现能力。

设计/方法：所提出的方法对 AKNN 基线进行了多项修改，包括使用核判别分析进行特征降维，以及将加权支持向量机和 K 最近邻相结合来处理不平衡的类别数据集。

结果：对五个大规模日常活动识别数据集进行了广泛实验，以证明该方法在错误率、召回率、精确率、F1 得分和计算/内存资源方面的有效性，并与最先进的方法和其他混合模式进行了比较。结果显示，所提出的方法在错误率指标上可以实现 50% 以上的改进，并在 F1 得分上高达 5.6%。与基线相比，训练阶段的时间缩短为 1/6，这为智能手机功能的实现提供了可靠的基础。

实际意义：这项工作在与小型数据集学习相关的机器学习领域构建了一座桥梁。此外，能够在智能手机上实现实时活动识别的系统的可用性将对普遍的健康护理领域产生重大影响，支持各种实际应用，如老年护理、环境辅助生活和远程监测。

独创性/价值：本研究的目的是通过仅使用紧凑的训练数据构建和测试准确的离线模型，以减少系统的计算和内存复杂性。这为在日常活动识别和基于智能手机的实现环境中开发新的创新混合模式奠定了基础。该研究表明，新的 AKNN 能够在不进行任何训练步骤的情况下对数据进行分类，因为它不使用任何适配模型，仅使用内存资源存储相应的支持向量。

然而，并不是每一篇文献都需要被认真阅读。摘要是读者判断是否应该详读论文的重要依据。首先，摘要应与读者的研究主题或关注的问题相关。如果摘要的主题与读者的需求不符，那么这篇论文可能就不值得花时间详读。摘要应该明确提出一种新颖的观点，或者对读者的研究领域有重要的影响。如果论文只是重复了已知的信息，或者对读者的工作没有太大影响，那么它可能就不值得详读。

读者应该能从摘要中判断出，研究方法和数据是否适合解决提出的研究问题。如果方法看起来不可靠，或者数据不足以支持论文的主张，那么这篇论文可能就不值得详读。如果论文的结论在摘要中已经明确并且合理，那么读者可能就不需要再去阅读全文。然而，如果结论含糊不清，或者读者对其合理性有疑问，那么可能需要阅读全文来了解更多的细节。

5. 关键词：概括文献主要内容的核心词

关键词（Keywords）是对论文内容的简洁且准确的描述，通常出现在摘要之后。对于读者来说，关键词提供了有关论文主题的简洁摘要，使读者能够快速理解文章的主题和内容。读者如果正在寻找特定主题的论文，可以通过查看关键词来确定文章是否与自己的研究主题相关。

如果读者掌握一定的文献计量学知识，可以通过对文献的关键词分析来追踪研究趋势。通过分析一段时间内的关键词，读者可以了解正在受到重视的主题和方法。关键词还可以用来评估论文或作者的影响力。如果一个关键词在许多不同的论文中出现，那么这可能意味着该论文或作者在其领域具有较大影响力。

在数据库和搜索引擎中，关键词是重要的元素，用于增强论文的搜索性。优化关键词，可以提高论文在搜索结果中的排名，从而使论文更易被潜在读者发现。许多数据库使用关键词对论文进行分类和索引，以便在进行主题搜索时能够快速找到相关文章。因此，从检索的效率上来看，最好避免关键词和文献题目中的词语重复，充分利用标题和关键词来展现文献的内容可以提高文献被检索到的概率。然而，一般情况下，期刊对关键词的选择没有硬性要求，作者也不会特别注意这一点。

6. 引言：研究背景、目的和意义

引言（Introduction）是任何研究论文的开端，它在阐明研究问题、背景信息以及该研究在科学领域中的位置等方面起着关键作用。需要注意的是，中文文献和英文文献在引言的写作惯例上有一些区别。最直观的表现是中文文献的引言一般篇幅较短，内容较为"浓缩"，引用的文献数量也较少，给人留下清晰明了的印象。相反，英文文献的引言篇幅往往较长，引用的文献数量较多，读起来有时会感觉是讲了一个旁征博引的故事。然而，无论是中文文献还是英文文献的引言，一般都包含以下主要功能：

（1）**建立研究背景和语境**：引言部分提供了研究的背景信息，帮助读者理解研究主题以及与之相关的现状、趋势和关键问题。

（2）**明确研究的目的和问题**：在引言中，作者通常会明确研究的目的，阐述研究的具体问题，以及研究尝试解答的关键问题。

（3）**阐述研究的重要性和意义**：引言还需要阐述研究的重要性，即该研究对学术领域或实践领域的贡献和影响。

（4）**提出研究假设或预期结果**：引言部分可以提供关于研究可能结果的先行指示，包括提出研究假设或预期的结果。

（5）**概述研究的设计和方法**：虽然详细的方法应在"方法"部分描述，但引言通常会简要概述研究设计和使用的主要方法。

用以下引言为例进行分析：

农业企业作为我国建设现代化农业强国的生力军，是推动我国经济发展和成长的重要基础性力量。不同于其他的经济组织，农业企业的生产运营除了应满足和其他经济组织相同的一般性社会责任外，其行业特征以及在我国经济结构中的基础性力量也决定了其履行社会责任的特殊性。我国农业企业不仅承担着为社会提供安全而充足的农产品以及环境保护的义务，还肩负着中国特色社会主义所赋予的历史任务——在党和政府的引领下，承担起农村、农业、农民发展的带动责任。由此，如何提升和增进我国农业企业的中国式社会责任履责，进而更好地服务于三农，已经成为我国学术界以及产业界不容忽视的重要课题。

从逻辑上讲，要激励企业主动履行社会责任，就必须帮助企业了解履行社会责任所带来的益处。基于此，国内外许多学者几十年来都聚焦于探索社会责任与财务绩效之间的关系。尽管取得了较为丰硕的成果，但总的来说，依然存在几点不足：首先，社会责任与财务绩效两者之间的关系已成为企业社会任文献中最受质疑的问题。理论界对于企业社会责任与企业绩效之间的关系一直没有达成共识，存在较大的争议，研究发现两者存在诸多的关系，例如积极关系、消极关系、无关系以及 U 形关系。其次，较少关注农业企业的社会责任。公众关注的焦点最近才开始集中在与农业企业有关的社会责任方面。因此，尽管文献逐渐增多，但有关农业企业社会责任的研究仍然很少，并且需要注意的是，企业社会责任研究依赖于环境，在不同地区的各种组织系统可能会带来不同的企业社会责任表达。现有的关于企业社会责任与绩效之间关系的研究中，有很大一部分是在西方发达国家中进行的。我国特色社会主义经济发展渐渐走出了一条西方发达国家不曾走过的道路，因此中国特色社会主义背景下农业企业社会责任需要重新定义和研究才能更好地指导国内农业企业社会责任的履责，但令人遗憾的是仅有少数学者注意到这一点。此外，现有大部分农业企业社会责任研究只关注能获得公开数据的上市农业企业，而忽略了在经济体中大量存在的中小型农业企业。最后，现有研究少有探讨社会责任影响财务绩效的内在机制问题。现有大多数有关社会责任和财务绩效关系研究，探讨的是社会责任对财务绩效的直接作用，这在一定程度上造成企业社会责任对财务绩效直接影响的现有结论并不可靠，因为忽视中介因素可能会高估企业社会责任对财务绩效的影响，会产生有偏见的结果。

因此，为了弥补现有文献的研究空白，本研究对相关文献进行了整理和综述，并以此提出中国特色社会主义农业企业社会责任的概念，同时以基于自然资源基础观理论（NRBV）的资源 - 能力 - 竞争优势的框架为研究逻辑，以中国农业企业为研究对象，构建了一个包含农业企业社会责任、绿色创新、财务绩效的中介模型，试图从新的视角打开企业社会责任 - 财务绩效的黑箱，以期完善我国农业企业社会责任相关理论，为我国农业企业有效开展社会责任活动进而提升财务绩效提供理论依据。

·**建立研究背景和语境**：作者从我国农业企业在经济发展和现代化建设中的重要地位出发，探讨了农业企业的特殊性和其履行社会责任的重要性。同时，作者也指出了我国农业企业在提供安全充足的农产品、环境保护以及推动农村、农业、农民发展方面所承担的任务。

· **明确研究的目的和问题**：本研究的目标是提升和增进我国农业企业的社会责任履责，以更好地服务于"三农"。研究问题包括：社会责任与财务绩效之间的关系尚未明确，尤其是在中国特色社会主义背景下的农业企业；当前研究中对农业企业的社会责任关注度不足，尤其是对中小型农业企业的关注度低；少有研究探讨社会责任如何影响财务绩效的内在机制。

· **阐述研究的重要性和意义**：本研究的重要性在于，它有助于理解和明确农业企业的社会责任，从而指导农业企业更好地履行社会责任，推动农业发展，并最终提升财务绩效。此外，这项研究还有助于完善我国农业企业社会责任相关理论。

· **提出研究假设或预期结果**：尽管研究假设将在引言后的另一部分详细描述，但从引言中可推断，作者预期的结果可能是在中国特色社会主义背景下，提出适用于农业企业的社会责任的新概念，并通过探讨社会责任与财务绩效的关系，提供农业企业通过履行社会责任来提升财务绩效的理论依据。

· **概述研究的设计和方法**：本研究将采用文献整理和综述的方法，提出农业企业社会责任的概念。同时，将以自然资源基础观理论（NRBV）的资源 - 能力 - 竞争优势的框架为研究逻辑，以中国农业企业为研究对象，构建一个包含农业企业社会责任、绿色创新和财务绩效的中介模型。通过这个模型，作者试图从新的视角解读企业社会责任与财务绩效之间的关系。

在一些研究论文中，引言之后通常会有一个专门的文献综述部分。这部分内容可以帮助读者理解研究话题的历史和背景。通过引用和解释相关的理论和研究，它提供了研究的基础，并让读者对该领域的现有知识有所了解。文献综述还能展示当前研究与先前研究的联系。它可以表明新的研究是如何构建在已有的研究成果之上的。通过引用高质量和权威的研究来源，文献综述可以证明所进行研究的合法性和可靠性。同时，先前的研究方法和结论可以为当前研究提供方法论上的参考和启示。

　　然而，在阅读引言和文献综述时要保持一定的怀疑态度。这是因为有些作者在引言的撰写过程中不总是诚实的。虽然引言通常让人明确作者在研究问题时的初衷和动机，但实际上所有的论文都是在研究完成后才开始撰写的。在学术研究中，常常会遇到大量的挫折和变化，原本的初衷可能并未真正实现。当学者整理好数据和结论开始撰写论文时，他们必须对所得到的结果进行一定合乎逻辑的"动机反推"。这可能导致引言的内容呈现出对论文结果的描述，有时会出现"不说谎，也不说全"的情况。

　　大部分研究型论文的引言遵循一定的模式和框架，就像我们通常所说的"八股文"。读者对特定研究领域有一定了解后，可能会发现引言中真正有价值、具有深度和独特性的内容可能只占一小部分。通常情况下，引言的开头会概述一个宏观的背景，提供一个广阔的视角，以便让读者理解该研究的重要性和其在更大的知识体系中的位置。然后，读者可以寻找一些关键的转折词，如"然而""尽管"等。这些转折词后面的句子通常阐述了作者为何要进行这项研究，是什么问题或现象促使他们进行这样的研究。接下来，通常在引言的最后一段，作者会简明扼要地介绍他们的研究工作希望达成的目标或解决的问题。这部分通常会概括并总结整个研究的核心主题和主要目标。理解和把握了这些信息后，读者已经基本领会整个引言中的精华部分。例如下面所示的引言，只需阅读下划线部分的内容，就能基本了解研究的目的。

近年来，我国畜禽养殖业发展迅速，规模化畜禽养殖场也越来越多，给养殖户带来经济效益的同时，畜禽粪污带来的环境污染问题也越来越严重。畜禽养殖过程中会产生大量粪污、饲料残渣等废弃物，若不及时有效地进行无害化处理，随意堆放，将会对周边生态环境及厂区造成严重的环境污染问题。这些畜禽粪污经过长时间的厌氧堆积发酵会产生大量有毒有害的气体，对当地的居民和畜禽的生命健康造成威胁，还会引来大量的蚊虫、苍蝇等，极大地提高致病原的传播概率。然而，畜禽粪污当中含有较多未被完全消化吸收的蛋白质、氨基酸以及植物生长需要的大量元素 N、P、K 及微量元素，经无害化处理过后作为有机肥料施用到农田中，不仅能够改良土壤，培肥地力，提高土壤有机质，增加土壤通透性，还可以替代部分化学肥料的养分，提高农作物的产量和质量，达到化肥减量增效的目的。好氧堆肥技术是我国目前无害化处理畜禽粪污的有效途径 [4]，不仅可以解决我国当前畜禽粪污染以及农业生产资源再利用的问题，而且为我国农牧产业的结合并全面可持续性发展提供技术支撑。

在好氧堆肥过程中，不同物料对堆肥的进程及堆肥效果影响不一。农作物秸秆与畜禽粪便组合进行好氧堆肥时，不同物料组合堆肥温度、堆肥产物的理化性质等均具有显著差异 [5]。凹凸棒石的添加可以促进鸡粪的分解。在鸡粪腐熟过程中，选择玉米秸秆作为发酵辅料能更加有效地促进粪污腐熟、提高鸡粪堆肥产品质量、缩短堆肥周期。在马粪好氧堆肥时添加适当比例（马粪：玉米秸秆的重量比为 4∶1）的玉米秸秆有利于好氧发酵的进行。不同种类的秸秆、稻壳、稻草、烟沫、锯末以及米糠等均可以作为畜禽粪污混合好氧堆肥过程中的辅料[9]。不同种类辅料中所含的营养物质不同，降解需要的特定微生物类群不一样，所以研究不同种类的辅料在畜禽粪污混合好氧堆肥过程中的指标很有必要。之前的研究以秸秆作为辅料者居多，<u>而以稻草、稻壳为辅料开展的研究较少。本实验以鸡粪为主料，添加相同比例的玉米秸秆、稻草和稻壳作为辅料，研究不同类型辅料对堆肥温度、堆体耗氧速率、物料 pH 值、全氮、总有机碳等指标的影响，以期筛选出促进畜禽粪污好氧发酵的最佳物料种类。</u>

7. 方法 / 实验 / 设计（Methods）：研究的材料和方法学

不同领域的研究文献，对于描述研究方法和过程的部分有不同的叫法。比如，研究设计、实验材料和方法、对象与方法、数据来源及处理、方法原理等。无论是自然科学还是社会科学的研究，这一部分都是详细描述研究方法和过程，以说明作者是如何解决研究问题的。

然而，不同领域的文献在这个部分也存在差异。例如，自然科学领域（如生物学、化学或物理学）的研究通常需要复杂的实验和数据收集过程，可能会涉及具体的实验装置和设备。而社会科学（如社会学、心理学）的研究方法可能涉及数据收集，如调查或面试，以及数据分析，如统计分析。不同领域的学术研究可能会使用不同类型的数据。例如，自然科学研究通常使用定量数据，而社会科学研究可能会使用定量数据和定性数据。不同领域的研究设计可能也会有所不同。例如，生物学实验可能包括对照组和实验组，而社会科学研究可能使用案例研究、调查研究或实验研究的设计。

通过详细描述研究方法、设计和实验，读者可以更好地理解研究过程，从而评估结果的可信度。一项好的科学研究应该是可重复的，也就是说其他人应该能够按照作者所描述的方法，进行实验或研究，以得出相似的结果。

如果读者想要复现研究文献中的结果，就要对这个章节的内容进行仔细研究。读者需要理解实验的总体设计，比如实验组和对照组、样本选择、变量的选择等。读者需要注意实验的具体步骤和执行顺序。有时，某些步骤可能对实验结果有重大影响，因此务必确保读者能理解并准确执行每一个步骤。读者还要确保了解并能获得实验所需的所有工具和材料。如果有些材料或工具读者无法获取，读者需要寻找适当的替代品。此外，要注意作者是如何收集和分析数据的。如果读者要复制实验，需要按照同样的方式收集和分析数据。

然而，很多时候即使读者一字一句按照研究论文中这个章节的内容进行重复，得到的结果也可能和论文完全不同。这就是学术领域中特别头疼的"可重复性危机"。早在 2016 年，《自然》杂志针对 1576 名科研人员所做的关于科研试验的可重复性的在线网络调查结果显示，近 80% 的生物学家无法重复他人的实验结果，60% 无法重复自己的实验结果。导致可重复性危机的原因有很多，其中，出版压力和选择性报告是常见的原因。此外，也可能是实验设计中设置的重复太少或统计功效过低，还有可能是作者没有详细描述他认为司空见惯的一些常规步骤，甚至有作者会出于避免他人的学术竞争的目的而有意不如实报道具体的细节。

如果结果无法重现，读者在阅读文献的这个章节时，不仅仅要知道作者写在纸面上的那些步骤、参数、分析方法，更要理解这些内容背后的机理。也就是说，其中的每一个步骤究竟要得到什么结果，其中包含了怎样的原理。然后，读者需要通过对比类似文献来确定其中是否有被遗漏或者扭曲的步骤。在掌握了研究方法原理的基础上，从科学层面自行尝试推导，不能盲目迷信文献给出的具体数字。

如果可能，读者也可以尝试与原实验的作者联系，询问作者的建议。此外，读者的实验结果与原结果有所不同，也可能意味着读者的实验条件与原实验存在一些未知的差异。这本身也是一个值得研究的问题。

8. 结果和讨论：研究的重点

结果部分是作者报告他们的研究发现的地方，而讨论部分则是对这些发现进行解释和阐述的地方。理解这两部分可以帮助读者更好地理解作者的主要观点。结果和讨论（Results and discussion）在有些论文中会被分成两个章节，先客观地展现所有的研究结果，再对这些结果进行统一的分析和讨论。在另一些论文中，这两个部分则会被捏合在一起。由于一项研究往往涉及了不同的分析方法，作者会逐一对分析方法得到的结论进行展示和讨论。

结果部分通常包含了大量的数据，包括图表、统计数据等。仔细阅读和解读这些数据是非常重要的。读者需要试着理解数据显示了什么，并思考它们如何支持作者的结论。在讨论部分，作者会解释他们的发现的意义，以及这些发现如何与他们的研究问题和假设相联系。读者需要仔细阅读这部分，以理解作者的观点和解释。

需要注意的是，文献中的讨论不一定是对结果的完全正确的解读。一篇论文的发表只需要通过同行评议，也就是说可能只需要两个审稿人同意就可以发表，而这两个审稿人并不一定对论文的内容十分熟悉，或者并不一定会很认真地研读其中的每一句话。因此，读者不要仅仅接收作者的观点，更应该对其进行思考和评估。读者要思考：作者的解释是否合理？他们的数据是否支持他们的结论？他们是否忽略了其他可能的解释？

9. 结论：总结研究成果和意义

在研究论文中，结论（Conclusion）这一章节和摘要在某种程度上可能包含相似的信息，但它们的目的、内容和结构却有所不同。

结论的主要目标是对论文的核心发现进行总结，并提出进一步的研究方向。在这一部分，作者需要概述他们的主要发现，并解释这些发现对于他们的研究领域的意义。这部分会包括对结果的深入理解和解释。这可能包括对发现的理论背景的解释，或者是对结果和预期不符的解释。在这里，作者可以根据他们的发现，提出新的研究问题，或者指出建议其他研究者进行下一步研究的方法。与摘要相比，结论往往不会再重复说明研究的动机。

10. 参考文献：结论的佐证和更全面的概览

高效地使用参考文献（Reference）对于理解一篇论文非常有用，但往往学术新人会忽略这个宝库。使用参考文献需要的是把自己从读者的视角变换为作者的视角，考虑作者要在这个地方引用文献的理由。引用文献的终极目的是"这个观点/结论/现象不是我研究出来的，是别人研究的，我直接拿来参考利用"。了解了这个目的，读者就会发现参考文献在论文的不同位置发挥着不同的作用，而不同参考文献对于读者来说也就有不同的价值。

（1）**引言中的文献**。这部分的引用文献主要是为了设定研究背景、揭示研究的必要性或空白，并概述先前的研究结果。这些文献可以帮助读者了解研究问题在学术领域中的位置，以及先前研究的结果和局限性。引言部分往往会包含不少的文献数量，但并不是每一篇文献都同样重要。有些时候读者会发现，在一些"片汤话"后面也有相应的文献支持。这些文献的引用在一定程度上是学术规范的需要，但这些文献或许只是为了证明整个研究主题的大背景的存在合理性，并不一定能够精准地提供更深层次的内容。相反，一些言之有物的观点后面引用的文献往往值得一读，尤其是读者正好对这个观点不熟悉的时候。比如下面这篇论文的引言：

砜衍生物的合成是有机化学的一个探索方向，在生物活性化合物中有着广泛的应用 [1] [2] [3]。β-酮砜的创新制备途径一直是有机化学领域的热点问题，特别是随着电催化有机合成的发展。基于电催化自由基磺酰化形成 C-S 键的文章的增长是显著的。β-酮砜是有机化学中一类非常重要的含氧化合物 [4]，用途极为广泛。由于其特殊的生物学性质，以及广泛应用于合成天然产物 [5] 和各种重要的有机化合物，如乙烯砜、烯、酮和具有光学活性的 β-羟基砜，它极大地吸引了有机合成化学家们以及激发了大家的研究兴趣 [6]。鉴于其具有广泛的用途，β-酮砜的合成已经取得了阶段性的突破。常见合成

β-酮砜的方法有：硝基乙烷引发[7]、O_2氧化[8]、$AgNO_3$/$K_2S_2O_8$体系催化[9]、$FeCl_3$/$K_2S_2O_8$体系催化[10]、双蛋白体系催化[11]、光催化[12]、重氮砜与醛的反应[13]、IBX/I2[14]，以及磺酰氯与芳基乙炔的反应[15]。然而，这些方法大部分存在局限性，比如需要使用昂贵的氧化剂、反应条件苛刻、副产物较多、需要多步反应来合成等。因此，发展一种不使用金属催化剂和外加氧化剂的合成方法来合成β-酮酚具有十分重要的意义。电化学合成是采用电子为氧化还原试剂、不使用金属催化剂便可发生反应的合成方法，不仅后处理简单，而且很大程度上可以减少对环境的污染，是一种非常绿色的合成方法。基于本课题组前期研究工作[16]，本工作利用电化学方法促使末端炔烃和金属芳烃亚硫酸盐合成β-酮砜，该反应避免了使用金属催化剂和外部添加剂。该研究具有操作简单、反应条件温和、对环境绿色友好等特点。

从这篇论文的引言可以看出，文献[1]至文献[6]基本只是对大背景的研究领域起到了支持性的作用，属于作者必须引用，但读者没必要逐一去读的参考文献。相反，文献[7]至文献[15]中的每一篇文献都是一种β-酮砜合成方法的代表。如果读者正好研究的是β-酮砜，正在寻找它的常规合成方法，仔细去阅读这些参考文献就能了解到比较全面的知识。文献[16]也很重要，代表这并不是作者第一次发表这个领域的论文，他们已经有了之前的积累，并且这次的论文是在之前研究成果上的进一步研究。读者如果去找来文献[16]，就可以更加系统地了解作者提出的这种针对β-酮砜的新型绿色合成方法。

（2）**方法部分的文献**。这部分的引用文献通常描述了研究所用的实验设计、技术或分析方法。如果一个方法或技术是根据之前的文献进行的，那么这个文献会在此部分被引用。通过这些引用文献，读者可以获得这种方法的原始描述，同时读者也要注意作者是不是对原本的方法和技术进行了改进。比如下面这篇论文的实验部分：

电化学剥离法剥离石墨烯主要经历插层、膨胀和剥落这三个过程。在外加电压的作用下，电解液解离出的阴离子向阳极移动，进而插入石墨层间，降低了石墨层间的范德华力。电解过程中水和阴离子分解产生气体促进石墨膨胀、剥离成片状单层或少层石墨烯。本实验的剥离机理如图 2 所示 [19]，首先，施加电压会使阴极的水产生 OH^-，OH^- 在电解质中作为亲核试剂，主要剥离石墨的边缘位置和晶界。然后，石墨边缘开始膨胀，有利于 SO_4^{2-} 嵌入石墨层中，硫酸根离子与水产生氧化还原反应，产生 SO_2 和 O_2，最后，这些气体会插入石墨层中，使石墨层彼此分开。

可以看见，在实验的剥离机理中作者引用了文献 [19]。文献 [19] 是一篇发表于《美国化学会志》上的名叫《石墨在无机盐水溶液中剥落成石墨烯》的论文。由此可见，这篇论文中所采用的剥离石墨烯的方法并非作者自己提出，而是一项已有的报道中采取的策略。

（3）**讨论部分的文献**。讨论部分的引用通常包含对结果解释的支持或反对证据。这可能会包括引用其他研究来支持自己的发现，或者引用其他研究来解释自己的结果与先前研究结果的差异。比如下面这篇论文的讨论部分：

本研究的假设 3 得到了部分验证，网络社群参与活跃度越高的老年人越有可能加强与朋友的联系、认识新朋友、恢复已中断的朋友联系。由于中老年人的社会网络一般由外向内开始收缩，其朋友网络往往先于家庭网络受到影响。因此，中老年人在网络社群中越主动地进行交流互动、建立社会关系、交换相关资源，对他们的朋友网络带来的正面效应可能也会越多（吴欢，2013）。但本研究没有发现活跃度与中老年人的家庭网络变化有显著联系，一方面可能是因为中老年人的家庭网络本来就较为稳固，因此，网上的交流对家庭关系改善的效果不太明显；另一方面可能是过于频繁的发言反而会让年轻人反感，不利于关系改善。也就是说，尽管网络社群为亲子双方带来了新的交流途径，但是未必能促进关系的改善（洪杰文、李欣，2019）。

可以看见，作者认为研究对假设 3 进行了一定程度的验证，这与之前吴欢报道的结果类似。另外，作者的假设中有一部分没有通过这项研究被证实。这种阴性的结果在洪杰文和李欣之前发表的文献中也有提及。这两处文献的引用使作者观察到的现象有了相应的佐证。如果读者对这些现象很感兴趣，进一步去看一下这两篇被引用的文献就很有必要。

除了在论文中引用文献以确定有价值的资料来源，读者还应该查看所有参考文献的出版年份，这有助于评估所读论文的时效性。如果一篇新发表的论文引用了很多年前的参考文献，这可能意味着研究内容已经过时或作者未进行充分的调查。举个例子，一篇关于前沿科学主题的论文应该引用最新的研究，因为那是最新的信息。如果一篇论文没有引用任何最新的研究，可能表明作者不了解该领域的最新进展。因此，读者对这篇论文的内容价值可能需要持谨慎态度。

然而，在某些情况下，引用旧的参考文献也是正确的，只要提供的信息相关和准确。例如，一篇关于特定主题历史的论文可能严重依赖于旧的资源，因为它们是唯一提供该主题早期发展信息的资源。

所以，这里有一些常见规律：在某些领域，比如自然科学，研究一直在不断发展，旧的参考文献可能很快就会过时。而在其他领域，比如人文学科，研究进展可能相对较慢，旧的参考文献仍然具有相关性。如果论文解决的是一个已经被广泛研究过的问题，那么旧的参考文献可能和最新的参考文献一样有价值。然而，如果论文针对的是一个新的或新兴的问题，那么最近的参考文献可能更为重要。如果作者是该领域的专家，他们更有可能了解最新的研究，并能够评估旧参考文献的准确性。然而，如果作者不是专家，他们可能更依赖旧的参考文献，而不完全了解它们的局限性。

11. 补充材料：结论的佐证

作者在向学术期刊提交研究论文时，通常会包含各种不同类型的补充材料（Supplementary material），并且这一现象变得越来越普遍。如今的电子期刊提供在线空间来存储各种类型的补充材料，并使读者方便获取。将支持性但非必要的材料放置到补充位置可以有效缩短论文的长度，读者因此不必一下子阅读一篇冗长的论文，可以有针对地查看这些补充材料。很多时候，读者在阅读正文时没能理解的一些步骤，也有可能被作者放入了支撑材料中。

以下是常见的补充材料：

a. **方法学或材料与方法的详细描述**。关于方法学的基本内容通常应在主要论文中呈现，以确保读者理解研究内容。但是，有些时候这些内容并不是作者的原创，而且采用了已有的报道，这种情况下详细的信息就可以被放入补充材料中。

b. **论文中使用的原始数据、数据集和数据库。**这些可以上传到期刊的补充材料部分，如果体量非常大，一般会简单描述并提供相应信息的获取链接，而不是直接提供信息本身。

c. **数据表以支持论文中报告的研究结果。**研究人员的主要结果趋势可以在论文中使用图表进行讨论，但构成基础的详细数据可以作为补充资源。一般这些表格会在补充材料中以表 S1、表 S2 等标识，以区别于论文中的表格。

d. **超过论文允许数量的图表、图形和图像等。**由于期刊的版面和印刷成本较高，且通常空间有限，因此会把相对次要的图表，或者尺寸特别大的图表放在补充材料中。这些内容往往以表 S1、图 S1 等标识。

e. **视频剪辑、电影文件或动画，以展示通过纯文字无法呈现的研究程序、条件、响应、预测和重建。**一些期刊会允许链接到其他在线可用的剪辑和动画，另一些期刊则要求将文件上传到期刊网站，供读者查看。

f. **音频文件，用于提供与主要论文直接相关但在文字中无法有效呈现的信息或证据。**例如，语言学研究可能包含方言或发音模式的补充录音，以增强论文中的文字描述和讨论。

g. **数据分析软件或模型计算机模拟的软件应用和代码。**这可以用于重现论文中的结果，但由于文件可能较大，或许会链接到另一个存储库，而不是直接包含在补充材料中。

h. 论文中观察和研究的实践、行为和事件的案例研究和其他示例。在补充材料中提供有关具体示例的详细信息，而在论文中仅提及最具启示或说服力的示例，以为讨论留出更多的空间。

i. 在研究论文中使用的调查问卷、调查表、表格、测验和其他信息收集工具。读者可以像研究参与者一样查看工具，加深理解，同时也使作者在论文中专注于最重要的内容。

j. 论文中讨论的外语段落的翻译，或者原始语言的翻译段落。这能让拥有多语言基础的研究者接触到原始的资料。

二、综 述 论 文

综述论文（Review）在学术文献中是一种总结和综合研究领域内已有文献的类型。相比于原始研究论文和实验报告，综述论文不仅仅关注特定研究问题的独立探索，还以系统性的方式回顾、总结和评估过去的研究成果，为特定领域的研究提供全面的综合和分析。

1. 综述论文的作用

综述论文在学术领域中有以下与其他文献不同的作用：

（1）**提供全面的文献回顾**：综述论文可以对某个领域的研究进行全面而系统的回顾。它们收集和整理大量的文献，总结和概述这些研究的主要发现和结论。这为研究人员提供了一个全景视图，帮助他们了解该领域的发展历程、主要趋势和未来方向。

（2）**整合和分析现有研究成果**：综述论文通过整合和分析过去的研究成果，揭示不同研究之间的联系和模式。它们可以识别出不同研究之间的一致性和差异性，并提供对这些成果的深入理解和解释。这有助于研究人员更好地理解研究领域的现状和知识前沿。

（3）**辅助决策和指导实践**：综述论文对于决策制定和实践指导具有重要价值。它们通过综合不同研究的结果，可以为政策制定者、业界从业者和实践人员提供有关特定问题或领域的证据支持。这有助于提高决策的科学性和有效性，并指导实践工作的开展。

2. 综述论文与其他类型文献的差异

在阅读综述论文的过程中，与其他文献类型相比，存在以下差异：

（1）**宏观视角**：综述论文提供了对特定领域的宏观视角。与原始研究论文和实验报告相比，综述论文更注重整体概述和总结，而不是详细描述特定研究的细节。阅读综述论文可以帮助读者获得对特定领域的整体了解，了解其主要研究趋势和重要进展。

（2）**文献回顾和综合**：综述论文对过去的研究进行了广泛的文献回顾和综合。它们收集和整理了大量相关的研究文献，并提供了对这些研究的综合和分析。相比之下，原始研究论文和实验报告更侧重于描述特定研究的实验设计、方法和结果。

（3）**理论和概念框架**：综述论文通常涉及特定领域的理论和概念框架。它们探讨和分析不同研究之间的理论基础，识别和解释概念上的差异和一致性。这有助于读者更深入地理解该领域中使用的理论和概念。

（4）**综合分析和评估**：综述论文对过去的研究进行综合分析和评估。它们通过对不同研究的比较、对研究方法和结果的评估，揭示出研究之间的一致性、差异性和局限性。这有助于读者更好地理解和评估特定领域的研究成果。

（5）**综合结论和建议**：综述论文最终提供了综合的结论和建议。它们根据对已有研究的综合分析，总结出关于该领域的主要结论，并提供对未来研究方向和发展趋势的建议。这有助于读者了解特定领域的前沿知识和未来发展方向。

3. 综述论文的分类

综述的目的是通过对已有文献的系统回顾，提供对该主题的全面了解，并从中得出结论和发现。然而，综述有不同的类型和层次，主要包括小型综述（Mini Review）、普通综述（Review）、全面综述（Comprehensive Review）和系统综述（Systematic Review），它们在研究目的、方法和广度上存在差异。

（1）小型综述

小型综述（Mini Review）是一种对特定主题进行简要回顾和总结的学术文章形式。与普通综述或全面综述相比，小型综述的篇幅相对较短，通常为几页至十几页。虽然小型综述在广度和深度上不如其他综述形式，但它具有自己的特点和价值。

小型综述注重在有限的篇幅内对主题进行简明扼要的回顾和总结。它通常突出关键概念、研究方法和重要发现，以提供读者对该主题的概览。由于篇幅有限，小型综述会选择突出某些关键点或重要方面，以强调主题的特定领域或问题。它通过选择性地呈现文献，将重点放在那些对于理解主题至关重要的研究上。

小型综述通常用于对某一主题的快速更新，以便读者了解最新的研究进展和趋势。它可以帮助读者了解该领域的发展，了解最新的理论、方法或发现。

小型综述通常针对该领域或主题有一定基础了解的读者。它假设读者已经对该主题的基本概念和背景有所了解，并提供更深入的见解。

以下是一个小型综述的实际例子。

标题　壳聚糖作为可持续发展的工具：小型综述①

内容总结：这篇小型综述文章主要关注了壳聚糖作为一种可持续发展工具的新发展。壳聚糖是世界上第二大丰富的生物聚合物，仅次于纤维素。这些新材料在可持续性、循环性和工业应用中的能耗方面均具有良好的性能。科学社会的目标是用新的环保材料替代传统的原材料，这些材料不仅能保持高生产率，而且能减少对环境的影响和成本。壳聚糖具有有趣和独特的性质，因此可以用于不同的目的，这有助于设计和开发可持续的新材料。例如，它是食品包装的良好可持续替代品，或者可以用于可持续农业。壳聚糖还可以减少其他工业过程的污染，如纸张生产。这篇小型综述收集了一些关于壳聚糖的可持续使用的最重要的进展，以促进循环经济。

（2）普通综述

普通综述（Review）是一种对特定主题进行全面回顾和总结的学术文章形式。它的目的是通过对大量文献的收集、分析和综合，

---

① Maliki, Soundouss, et al. Chitosan as a tool for sustainable development: a mini review. Polymers 14.7 (2022): 1475.

加深读者对该主题的全面了解和深入洞察。

普通综述一般涵盖该领域内的多个方面和相关研究。它对历史发展、重要概念、理论框架、研究方法和最新进展进行详尽的讨论，以展示该主题的全貌。

普通综述的撰写通常遵循一定的方法和流程，包括文献检索、筛选、评估和综合等步骤。它需要对大量文献进行系统性的分析和评估，以确保对研究的全面了解，并准确总结和综合已有的研究成果。

普通综述要求作者对文献进行批判性思考和分析。它不仅要总结和归纳研究结果，还需要评估研究的方法学质量、数据可靠性和结论有效性。通过批判性思维，普通综述能够提供对该主题的权威性和可靠性评估。

普通综述通常致力于整合和梳理该领域内的理论框架和关键概念。它通过对文献的综合和对不同研究的比较，识别和解释该主题中的核心理论和关键概念，让读者理解该主题的理论和概念脉络。

普通综述旨在为读者群体提供对该主题的综合知识。它不仅面向学术界的专家和研究者，也对该领域的学生、教育工作者、从业人员和决策者等感兴趣的人具有参考和借鉴的价值。

以下是一篇普通综述的实际例子。

 标题　利用深度学习进行地下沉积结构识别：综述①

内容总结：这篇详尽的综述文章深入探讨了深度学习在

---

① Zhan, C., Dai, Z., Yang, Z., et al. (2023). Subsurface sedimentary structure identification using deep learning: A review. Earth-Science Reviews, 104370.

识别地下沉积结构中的应用。文章首先指出，地下沉积结构的准确识别在各种地球和环境科学、石油储层工程以及其他与多孔介质相关的应用中具有至关重要的地位。这些应用包括一些重要且与社会密切相关的问题，如污染含水层的修复、提高石油回收率、地质碳存储、地质氢存储、放射性废物处理等。文章详细阐述了深度学习在地下沉积结构识别中的重要性，并讨论了其相对于传统方法的优势，比如更高的效率和准确性。传统的识别方法往往依赖于经验和人工解读，而深度学习能够自动化地处理大量数据，从而提高了识别的效率和准确性。此外，作者还深入探讨了深度学习在直接建模方法和基于数据同化的方法中的应用。直接建模方法是通过训练深度学习模型来直接预测地下沉积结构，而基于数据同化的方法则是通过将深度学习和地质模型相结合，以提高预测的准确性。然而，尽管深度学习在地下沉积结构识别中展现出了巨大的潜力，但作者也指出了其所面临的一些局限性和挑战，如数据质量和数量的问题、模型的解释性问题等。因此，作者呼吁未来的研究需要进一步解决这些问题，并探索深度学习在地质科学中更广泛的应用。

（3）全面综述

全面综述（Comprehensive Review）和普通综述都是对特定主题或研究领域进行全面回顾和总结的学术文章形式。全面综述的主要目的是帮助读者了解该领域的研究历史和现状，以及可能的未来发展方向。全面综述的撰写需要从各个方面搜集和评估相关的研究文献，以确保提供该主题最全面、最深入的视角。这种综述通常需要大量的文献检索和筛选，此外，在对各篇文献进行比较和分析的过程中，也需要相当的技巧和耐心。

普通综述可能不会像全面综述那样详尽无遗，但它们仍然提供了有关特定主题的有价值的概述。这类综述可能会关注该领域的某一个或几个特定方面，比如最近的发展、某个子主题或特定类型的研究。

全面综述通常由该领域的专家或权威人士撰写。他们具备丰富的知识和经验，对该领域的研究和发展有深入的了解。全面综述为读者提供了专家级别的综合知识。

以下是一个全面综述的实际例子。

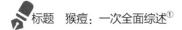 标题　猴痘：一次全面综述[①]

  内容总结：这篇全面综述文章主要关注了 2022 年在人类中爆发的多国猴痘疫情，这带来了新的公共卫生困境。疾病已经在全球六大洲的 104 个国家传播，其中北美和欧洲的疾病负担最重。猴痘病毒（MPXV）自 1959 年从感染的猴子体内分离出来以来就已知，自 20 世纪 70 年代以来，人类的感染主要在西非和中非的疫区国家报告。然而，疾病在 2022 年以前所未有的速度重新出现，特别需要关注的是其在非疫区的人际传播和社区传播。为了缓解疫情的传播，全球的医疗工作者、公共卫生政策制定者和公众需要对这种相对被忽视的病毒疾病有充分的了解。在这里，我们提供了关于猴痘的全面和最新的概述，包括以下方面：流行病学、病因、病理生理

[①] Harapan, Harapan, et al. Monkeypox: a comprehensive review. Viruses 14.10 (2022): 2155.

学、临床特征、诊断和管理。此外，本综述还讨论了预防和控制措施，最新的疫苗开发，以及在这个被宣布为国际关注的公共卫生紧急事件的再次出现的病毒疾病中的未来研究领域。

（4）系统综述

系统综述（Systematic Review）和前面的那些综述的差异较大，它是一种科学研究方法，其主要目的是在已有的大量研究中，查找、评估和汇总关于特定问题的所有高质量研究证据。系统综述通过高度标准化和透明的过程，尽量减少偏差和误差，提供对特定问题的全面、客观和可信的答案。系统综述的特点主要表现在以下几个方面：

a. 结构化和预定义的协议：系统综述在开始前需制定明确的计划和协议，包括研究的目标、搜索策略、研究的选择标准、数据的提取和分析方法等。这是为了尽量减少选择性偏见，增强结果的可复制性。

b. 广泛、系统的文献搜索：系统综述的目标是找到所有与研究问题相关的研究，这通常需要在多个数据库中进行全面的搜索，并可能包括未公开的研究。

c. 明确的纳入和排除标准：为了减少选择性偏见，系统综述在开始前就需要确定清晰的纳入和排除标准，评价每项研究是否符合这些标准。

d. 严格的质量评估：所有纳入的研究都要进行质量评估，以确定其结果的可信度。常用的质量评估工具包括偏见风险工具和GRADE方法。

e. 客观和全面的综合：系统综述通常采用统计方法（如荟萃分析）对数据进行综合，但也可能根据数据的特性采用叙述性或定性的综合方法。

系统综述的主要优点在于其方法的严谨性和客观性，以及对问题的全面理解。但它也有一些限制，如需要大量的人力资源和时间资源，可能受限于研究的质量和可用性，以及合成结果可能存在的异质性。

医学和健康科学是最常应用系统综述的领域。在这些领域中，系统综述被用来评估治疗效果、诊断测试的准确性、研究疾病的预防方法等。例如，考科蓝合作组织（Cochrane）就是一个专门进行医学相关系统综述的知名机构。在心理学领域，系统综述被用于评估各种心理疾病的治疗效果，或是理解各种心理现象和行为的影响因素。教育研究人员也常常使用系统综述来评估教学方法、课程设计、教育政策等问题的效果。在社会科学领域，系统综述被用于理解社会现象、政策干预的效果，或是作为评估社会研究的方法论。

以下是一个系统综述的实际例子。

标题 人类猴痘流行病学的变化——一种潜在威胁？一次系统综述[①]

内容总结：这篇系统性综述文章主要关注了人类猴痘的流行病学变化，以及它是否构成了潜在威胁。猴痘是由猴痘病毒引起的一种人畜共患病，其在人类中的表现类似于天花。自1970年在刚果民主共和国首次诊断出人类猴痘以来，它已经扩散到非洲的其他地区（主要是西部和中部），并且近年来

---

① Bunge, Eveline M., et al. The changing epidemiology of human monkeypox—A potential threat? A systematic review. PLoS neglected tropical diseases 16.2 (2022): e0010141.

在非洲以外的地方也出现了病例。作者进行了一项系统性综述，对同行评审的文献和灰色文献进行了研究，以了解猴痘流行病学的演变，特别强调了确诊、可能和/或可能的病例数量，发病年龄，死亡率和地理分布。他们从48篇同行评审的文章和18个灰色文献来源中提取了数据。自20世纪70年代以来，人类猴痘病例的数量一直在增加，其中在DRC（刚果民主共和国）的增加最为显著。发病年龄中位数从4岁（20世纪70年代）增加到21岁（2010—2019年）。总体病死率为8.7%，不同的类群之间存在显著差异——中非10.6%（95% CI：8.4%～13.3%）vs. 西非3.6%（95% CI：1.7%～6.8%）。自2003年以来，非洲以外的进口和旅行相关传播偶尔会导致疫情暴发。与感染动物或个体的交互/活动是与获得猴痘相关的风险行为。

（5）过程综述

过程综述（Scoping Review）是一种在卫生研究、社会科学和教育研究等领域广泛使用的研究方法。它的目标是概括一个特定主题下的广泛文献，并识别出这个领域内的主要概念、理论、来源和证据类型。它可以看作一种初步研究，用于确定是否存在足够的证据来进行系统性评审。

过程综述的特点和步骤通常包括：

a. 确定并明确研究问题：过程综述的目标是确定一个主题的研究范围，这需要研究人员明确并详细地描述研究问题。

b. 识别相关研究：过程综述的目标不是评估研究的质量，而是确定存在哪些研究，因此，研究人员应尽可能广泛地搜索相关文献。

c. 研究选择：基于预定的包含和排除标准，研究人员从所有识别的研究中选择相关的研究。

d. 数据图表：这是一个提取和呈现关键信息的过程，以便更好地理解和解释研究结果。

e. 结果汇总、报告和应用：研究人员将收集的数据进行分析，并总结成一份报告。这份报告应包括研究结果、证据的质量和研究的限制等。

过程综述可以应用于各种学科领域，不仅限于医学和健康领域。它的主要目标是了解一种现象、概念、事件或问题的广泛性和复杂性。它可以被用于明确一个广泛或复杂问题的广度和范围；确定已经进行哪些类型的研究，以及哪些问题还未被充分研究；为实施系统性评审或荟萃分析提供一个初步的证据基础；对一个新兴领域进行初步的探索性研究。

过程综述的主要优点是可以为更深入的系统性评审或荟萃分析提供有价值的背景信息和上下文。然而，其主要局限在于它不对研究质量进行评估，因此可能包括方法质量低下的研究，也无法确定哪些研究的结果更可靠。

以下是一个过程综述的实际例子。

标题　城市地区移民社区参与与社会融合：一项过程综述[①]

内容总结：论文主要讨论了社区参与在促进城市地区移民社会融合中的作用。作者们对 2011 年 1 月至 2021 年 7 月期间发表的研究进行了文献回顾。他们发现，社区参与可以帮

[①] Zhang, Y., You, C., Pundir, P., et al. (2023). Migrants' community participation and social integration in urban areas: A scoping review. Cities, 141, 104447.

助移民应对发展中国家的不平等、边缘化和农村－城市适应问题。在发达国家，它可以帮助缓解移民和当地人之间的紧张关系，并解决社区问题。然而，作者们也发现，社区参与不一定能导致社会融合，特别是当参与环境存在偏见或缺乏有意义的交流时。他们确定了三个研究空白：移民社区融合与更广泛社会融合的区别、参与程度以及性别视角。论文的方法包括确定研究问题、识别相关研究、选择研究、绘制数据，以及整理、总结和报告结果。作者们使用了 PCC（人口、概念和环境）框架来识别相关文献。

（6）实证综述

实证综述（Evidence-based Review）是一种以科学方法进行研究评估、分析并综合多个高质量科研成果的系统性方法。它是实证医学的重要工具，也应用在其他许多科研领域，例如教育、心理学、社会科学、商业等。作者的目标在于最大限度地保证科研结果的可靠性，为决策提供最准确、最全面的证据。

实证综述的实施需要预先设计一个严谨、透明的研究方案，明确研究问题、纳入和排除研究的标准、搜索策略、数据抽取和质量评估方法等。实证综述将尽可能多地收集和评估所有相关的研究，包括已发表和未发表的研究，且不限语言和出版年份。实证综述对纳入的每项研究进行质量评估，根据其设计和执行的质量，以及结果的可信度和稳定性，给予不同的权重。如果可能和合适，实证综述将对纳入的研究结果进行统计汇总，以得到更精确、更稳定的效应估计。实证综述的报告要提供足够的细节，使读者能理解研究的实施过程，评价其可信度，甚至可以复制研究。

　　实证综述和系统综述有许多相似的地方，如对研究设计的严谨性，对数据来源的全面性，对结果的定量分析等。然而，它们在某些方面还是存在一些不同之处。实证综述主要侧重于证据的质量，强调证据的科学性、可靠性和有效性，通常会将研究分级，根据研究设计的质量、数据的一致性、结果的可信度等来评价证据的级别。实证综述的主要目标是为决策提供最准确、最可信的证据，因此，它更关注实践应用，如临床决策、政策制定等。系统综述则是一种更具体的研究方法，它是实证综述的一种形式。系统综述的特点是它使用预先设定的明确的方法来收集、评估和分析所有相关的研究，目的在于最大限度地减少偏见，提高结果的可靠性和准确性。系统综述通常会包含一个元分析，即对纳入综述的研究结果的统计汇总。

　　实证综述一般关注具有争议或者尚不明确的问题，需要通过收集和综合所有相关的高质量研究，来得到最可信的答案。例如，在医学领域，实证综述可以评估某种药物或手术的效果，或者某种检查的准确性；在教育领域，实证综述可以评估某种教学方法或课程的效果；在心理学领域，实证综述可以评估某种心理干预的效果等。

　　以下是一个实证综述的实际例子。

 标题　疼痛多态性和阿片类药物：一项实证综述[1]

　　内容总结：尽管有许多潜在临床相关的候选基因多态性，但我们对镇痛药物使用中的个体差异的理解还不够。细胞

---

[1] Vieira, Cláudia Margarida Pereira, et al. Pain polymorphisms and opioids: an evidence based review. Molecular medicine reports 19.3 (2019): 1423-1434.

色素 P450 2D6（CYP2D6）基因型是最被广泛研究的基因型之一。本项实证综述的目标是确定现在是否有足够的证据根据特定的基因组特征提出临床建议。作者利用了以下数据源：PubMed（NLM）数据库、基于证据的医学指南和 Google。研究了临床指导标准、系统性综述、荟萃分析和临床试验，这些都是在 2018 年 1 月之前发表的英文文章，使用了 MeSH（《医学主题词表》）词"癌痛""多态性""遗传""基因多态性"。为了评估证据的级别，应用了美国家庭医生的推荐强度分类法。从初始搜索中，选择了 12 个系统性综述和 / 或荟萃分析、5 个临床试验和 10 个指南。结果表明，μ- 阿片受体 1（OPRM1）的基因变异可能导致吗啡消耗的个体差异，对于 OPRM A118G 单核苷酸多态性（rs1799971）的推荐等级为 A。与吗啡和其他阿片类药物的代谢过程相关的多态性在阿片类药物的调整中非常重要，必须考虑到种族亚群的差异（特别是对于 CYP2D6 多态性的推荐等级为 A）。在人类研究中，卡铂 -O- 甲基转移酶（COMT）基因型影响了不同设置下阿片类药物在急性和慢性痛中的有效性，对于 COMT 单核苷酸多态性 rs4680（Val/Met）的推荐等级为 B。最后，强调了 ATP 结合盒家族的效应转运蛋白的多态性。现在已经有了大量关于疼痛多态性的一致数据；然而，这些结果对临床实践的影响非常有限。

4. 叙述性综述、系统性综述和荟萃分析

在前文，我们了解到综述可以根据不同的分类方式进行归类，但基本上可以分为两类：第一类是叙述性综述，包括迷你综述、普

通综述和全面综述；第二类是系统性综述，包括系统综述、过程综述和实证综述。

就客观而言，叙述性综述容易受到文献搜索的不完整性影响，读者可能存在有意或无意的偏见，并未考虑个别出版物的质量等因素的影响。此外，叙述性综述通常未能有效处理结果相互冲突的研究。由于专家往往依赖于自身的专业知识和经验而非现有证据，专家撰写的叙述性综述可能存在明显的偏见。作者可能因其在该领域的专业知识而被要求撰写综述，或者出于展示他们的观点，或两者兼而有之。尽管利益冲突产生的偏见是不可避免的，但在发表之前进行披露可以在一定程度上减轻这种情况。

未能对现有文献进行全面审查会引入偏见。比如，作者可能会将搜索范围限制在仅有英文来源或单一数据库上，而未能找到重要的论文。此外，综述作者可能只会选择支持其观点的文章，而不考虑其质量。例如，可能会给予发表在低质量期刊上的参考文献过高的权重。简而言之，大多数叙述性综述受到综述作者观点的偏见影响，其有效性值得质疑，并且通常提出了不恰当的建议，与实际证据相比存在偏差。

与叙述性综述相比，系统性综述在目的和过程上有所不同。系统性综述通常针对特定主题提出问题。例如，叙述性综述可能考虑到无创通气这一主题，标题可能为"医院中的无创通气"。而系统综述会对主题进行进一步细化和具体化。一个系统综述可能会有这样的标题：术后冠状动脉搭桥患者拔管失败后无创通气在预防重新插管方面的效果。很明显，第一个标题允许读者探索多个途径，并从文献中插入观点和事实。而第二个标题更加明确，要求文献必须涉及此问题，并且综述必须专注于回答这些问题。

系统性综述还详细说明了如何在文献中找到论文的方法，包括搜索词和所使用的搜索引擎。例如，仅使用 MEDLINE（National library of Medicine，美国国家图书馆）进行搜索可能会错过许多护理文献中的论文，而通过 CINAHL（护理学数据库）很容易获得这些文献。系统性综述还使用预先确定的标准来选择纳入综述的论文。例如，作者可以选择包含随机对照试验，从而排除所有个案报告和没有对照组的研究。重要的是，这些标准必须事先确定。必须使用明确的方法来评估所选择文献的质量和有效性。评估证据的系统包括 Cochrane 系统评价和 GRADE 系统评价。

荟萃分析是一种定量的系统综述方法，作者运用统计学方法来提高结论的准确性。荟萃分析通过统计合并两个或更多研究的数据，来确定特定研究问题的结果。相比于单个原始研究，荟萃分析的主要优势在于它能够利用汇总后的更大样本量进行统计分析。在医学界，荟萃分析最常用于整合来自随机对照试验的数据。尽管对观察性研究进行荟萃分析存在争议，但在技术上可以进行这种类型的分析。然而，观察性研究更容易出现偏见，这可能会对荟萃分析的结果产生重大影响。

荟萃分析的有效性不仅取决于原始研究的质量和有效性，还取决于用于确定、选择和分析纳入荟萃分析的原始研究的方法。荟萃分析的作者应在方法部分描述用于识别所有相关文章的搜索策略。为确保所有文章都被识别，理想情况下应使用多个信息来源，因为仅使用单个电子数据库进行搜索的敏感性较低，即使用于定位随机对照试验，也是如此。

接下来，作者们需要确定哪些文章应该纳入荟萃分析。这可以通过作者之间的协商达成一致，或者采用各种已经建立的质量评价工具。常用的随机对照试验质量评价工具包括 Cochrane 偏倚风险评估工具、PEDro 量表、Jadad 量表、Chalmers 量表等。而观察性研究的质量评价工具主要包括纽卡斯尔 - 渥太华量表（NOS）、CASP 清单、AHRQ 横断面研究评价标准等。

荟萃分析必须针对与原始研究中所调查的假设尽可能接近的具体研究问题进行。每个原始研究理想情况下应具有一致的研究群组，其关键特征对结果有影响，并且应采用相同的干预措施和相同的终点指标。原始出版物还必须提供足够的信息，以便提取和独立分析相关数据点。作者应明确说明所包含的研究类型，以让读者独立判断这些研究能否充分回答研究问题。

一项良好的荟萃分析应该由两名独立的评审人员进行评议，以避免在选择纳入的文章或从研究中提取数据时可能出现的偏见或错误。如果在选择纳入的文章或从研究提取数据的过程中存在冲突，通常会利用第三名评审人员达成共识。数据提取人员必须特别注意出版物中可能存在的差异，并将摘要与文章的内容进行交叉核对，以避免错误数据。一些荟萃分析还会报告评审人员之间的一致性程度，例如协议一致性或 kappa 统计量（kappa 统计量越高，数据提取人员之间的一致性越大）。数据提取完成后，需要对结果进行汇总，并报告一致性检验。一致性指的是包括原始研究之间结果的一致性。通常通过一种称为 Q 检验的卡方检验类型进行统计表示。然而，最常见的做法是以森林图的形式图形化地表示主要研究结果之间的一致性程度。

在执行、报告和解读荟萃分析时，克服出版偏倚是最具挑战性的方面之一，因为它可能严重影响分析的质量。出版偏倚反映了在研究结果呈正面时被发表的可能性增加。这导致如果荟萃分析仅基于已发表的文献，就会在研究中纳入对正面治疗结果有偏好的固有偏差，因为文献中很少存在负面或模棱两可的研究。荟萃分析的作者和读者通常无法了解出版偏倚的真实程度，因为无法知道有多少模棱两可或负面的研究在完成之前被终止或未发表。然而，统计技术（如漏斗图）可以帮助识别这种偏差。

如果正确执行，荟萃分析可以成为一种有力的综述研究模式。这种系统性综述需要在数据收集之前明确研究问题。选择的研究要可重复，并确保研究之间的结果变量一致。此外，汇总数据的统计方法必须合适，并且必须解决异质性问题。最大的荟萃分析数据库可以在 Cochrane Collaboration 的网站上找到。

5. 带着问题读综述

读者阅读综述一开始一定是为了了解一个方向的全面知识，是一种单方面的吸收。但是，如果读者主动积极地参与到论文的阅读中，也就是说，读者不仅仅是吸收信息，还对综述的目的和质量提出问题，就会得到额外的收获。

（1）综述的目的是什么？

综述的目的是什么？作者是否解释了综述的目的？大多数综述是以叙述性方式呈现的，可以作为特定主题专刊的一部分，也可以独立成篇。读者应该考虑作者编写该论文的目的。学术期刊要求作者在综述的主题涉及行业时披露与该行业的关系，因为这是最常见的可能导致偏见的地方。然而，披露并不意味着一定存在偏见。读者应该在了解作者与相关行业的关系的前提下对其评论进行判断。同样重要的是，即使没有经济利益的因素，发明家和研究人员也可能因为地位的原因对某个特定主题持固有偏见。

（2）综述的主题是否明确定义？

叙述性综述有时会涵盖广泛的主题，而系统综述应该提供一个精确、明确的问题。由于系统综述提出了一个具体的问题，读者在阅读完论文后应该能够用是或否来回答这个问题。以某种技术在某种病症中的应用为例，在综述结束时，读者应知道是否应该使用这种治疗方法。然而，并不是所有的主题都能给出如此简单的答案。最后，读者还应该思考这些信息如何应用于他们的实践，并且这个问题是否涉及当前的研究难题。

（3）文献搜索是否全面且评估了所有可能的信息来源？

在进行系统性综述时，应该列出所有已搜索的数据库。尽管WOS 或 PubMed 仍然是最常用的搜索引擎，但并不能通过一次搜索获取所有重要的数据，还存在许多其他数据库和可能的论文来源。很多搜索仅限于中文或英文，这可能导致作者忽视了其他语言文献中的重要论文。另外，还有一种搜索文献的方法被称为"引用文献的引用"，即查看已搜索到的论文的参考文献列表。此外，与专家的个人交流也可能揭示重要的信息来源。尽管无法涵盖所有可能的来源，读者应该了解作者在已知文献方面进行了什么程度的搜索。读者还可以考虑有关遗漏相关数据的可能性。

（4）综述和引用的研究论文之间的关系是什么？

在阅读综述时，读者可以获得对整个领域的宏观了解和框架结构。这种综合性的视角可以帮助读者理解该领域的重要概念和主要研究方向。然而，综述往往无法提供所有具体的细节和实证研究的具体结果。这就是引用的论文变得重要的原因。通过查阅引用的论文，读者可以进一步深入了解特定研究的细节、方法、数据和结果。这使读者能够更全面地理解该领域中的具体研究，并将其放置在整个领域的上下文中。

通过同时阅读综述和具体的引用论文，读者可以实现两者之间的平衡。综述提供了整体的视角，帮助读者了解领域的大局和关键概念，而引用的论文则提供了更深入的细节和具体案例，让读者更深入地理解研究的实际应用和局限性。综述和具体论文之间的互动可以让读者既看到树木（具体论文），也看到森林（整个领域）。通过将具体文章置于综述的背景中，读者可以更深入地理解这些研究的重要性、联系和贡献。

三、会议论文

投稿会议论文（Conference Proceeding）的目的是希望被国内或国际会议接受。一旦被接受，论文将由出版社、专业组织或在线出版商发表在会议的论文集上。同时，作者还会被邀请参加高端学术同行交流会，向学术界介绍他们的研究发现（不一定投稿了会议论文的人就一定参加会议）。有些学术会议只发表论文的摘要，而大多数会议发表完整的会议论文。

一般来说，会议论文是一种介绍研究工作初步发现和创新思想的文献形式。它通常是研究工作的未完成版，篇幅相对期刊论文较短，重点在于探索思路和想法，而非完整的研究成果。期刊论文则是已经完成的研究作品，不仅展示了想法，还进行了更全面、更深入的研究。

在绝大多数的学科领域，会议论文的内容在信息密度和学界的评价上会低于学术期刊发表的论文，但在计算机和集成电路这两个领域，顶级会议论文扮演了非常重要的角色。这种相对独立的学术生态与这两个领域在工业界占据的重要话语权有非常大的关系。工业界广泛分布着这两个领域中最杰出的研究课题组。从某些角度来看，工业界能够代表最高水平，至少与学术界不相上下。工业界倾向于青睐顶级会议，使得会议论文成为业内的焦点。这种情况一方面可能是因为工业界需要快速迭代，而期刊审稿周期较长，不太适合满足工业界的发表需求。另一方面，集中举办展会可以提供一个集中展示和比武的机会，这不仅对于学术研究很重要，还能起到对外宣传、公关和市场营销的作用。

大多数的会议论文在结构上和研究论文差异不大，因此阅读方式可以借鉴，但会议论文的篇幅明显较短。一些领域的会议论文有比较独特的结构，比如集成电路领域，一般一篇会议论文只包含一页纯文本，加两页纯图。一页文本中只简单地说明研究动机、方法和重要结果，然后在剩下的两页中把很多图片密密麻麻地排列在一起。

对于会议论文的阅读，首先要根据自己的研究领域挑选合适的会议。去会议的官网，或者去相应的数据库页面（比如计算机领域可以去 DBLP）的搜索框输入会议名称，就能看到这个会议历年的会议论文列表。在这些会议论文中，最佳学术墙报奖、最佳报告奖和最佳论文都值得阅读，它们几乎代表了这个会议中最优秀的部分。之后就对着目录进行筛选，看是否有自己感兴趣的论文，再进行详读。

然而，现在一个领域的顶级会议，每年的会议论文动辄几千，想要逐一筛选变得非常困难。比较有效的阅读方法是寻找相关的国内外知识社区或学术社区，在这些社交平台上搜索特定会议和年份，例如"NeurIPS 2022"，以了解网友对该会议的评价和讨论。通过这些讨论，读者可以发现会议中有趣或有意义的观点，甚至有人讨论哪些是无意义的。从这些网友的讨论中，读者可以提取出感兴趣的话题，并搜索原始论文以进行阅读。

四、学 位 论 文

学位论文（Dissertation）是所有文献类型中篇幅最长的一类，但它结构清晰、循序渐进，是非常好的入门文献类型。对于绝大多数的读者来说，学位论文不仅是阅读的对象，也是自己在学术生涯初期会自行创作的一种重要成果。下文将对学位论文的不同部分进行深入探讨，从学位论文与研究论文 / 综述的差异开始，一直到学位论文的构架、每个部分的重要性，以及获取学位论文的方法。

1. 学位论文与研究论文 / 综述的差异

学位论文是高等院校和科研机构的毕业生为申请学位而编写和提交的学术论文，分为学士学位论文、硕士学位论文、博士学位论文，以及博士后出站报告。这些论文供学位申请和答辩使用，不会公开出版。

学位论文与其他学术文献之间存在一些明显的区别。首先，学位论文的目的不同于其他学术文献。学位论文是为了申请学位而编写的，其主要目的是展示研究生在特定领域的独立研究能力和学术水平，以获得学位。而其他学术文献的目的通常是传播新的研究成果、推动学术领域的发展或者提供参考资料供他人学习和研究。其次，学位论文的读者对象不同。学位论文的主要读者是学位评审委员会和指导教师。他们对论文的内容、方法和结论进行评审，决定是否授予学位。而其他学术文献的读者通常是同行学者、研究人员、教师和学生等。他们对文献的内容感兴趣，并希望从中获取新的知识或者进行进一步的研究。

撰写者方面，学位论文由学位申请人撰写，通常是研究生或博士后等在进行研究工作后提交的。学位论文要求学生具备一定的独立思考和研究能力，并能展示自己的学术贡献。而其他学术文献可以由多个作者或者一个研究小组撰写，他们共同贡献了研究的成果。学位论文还有一些独特的特点。学位论文通常包含全面、系统的研究内容，对研究问题进行深入的分析和论证。它要求学生能够独立研究，掌握相关理论和方法，并对研究问题做出自己的贡献。此外，学位论文一般具有一定的篇幅要求，不同学位层次和学科领域可能有不同的字数要求。学生需要在规定的字数范围内充分表达自己的研究内容和思考。同时，学位论文还需要符合学科的规范和要求，包括文献引用格式、图表编号、术语定义等方面的规范。

阅读与研究方向相关的学位论文相较于直接阅读研究论文，能更有效地入门。首先，学位论文通常更全面、更系统地阐述了一个研究领域。这类论文通常包括文献综述、理论分析、实验方法、数据处理和结果讨论等环节，可以让读者以更全面的视角了解一个领域的理论与实践，以及领域内的关键问题。而研究论文更倾向于讲述一个具体的实验和结果，可能对整个领域的框架的理解不如学位论文全面。

举个例子，假设你的研究方向是机器学习。如果你选择阅读一篇专门研究深度学习中某种特定优化方法的研究论文，你可能能深入了解这种方法的细节和应用，但对机器学习的全局理解仍然模糊。相反，如果你阅读一篇机器学习的硕士或博士论文，作者会从基础的概念开始，详述机器学习的整个知识结构，再深入具体的优化方法，这样你不仅能学习到具体技术，更重要的是对机器学习的整个领域有了系统的理解。

其次，学位论文往往更注重基础理论的建立和介绍。这对于初学者来说是很重要的，因为基础理论是一个学科的核心。而在一些研究论文中，作者可能会假设读者已经理解基础理论，因此不详细解释。

学位论文的写作风格和结构一般都相对固定和标准化，对于初学者来说，阅读和理解起来会比较容易。而研究论文的写作风格和结构可能会因作者和期刊的不同而变化，对于初学者来说，可能会有一定的阅读难度。学位论文通常会包含更多的实验和数据分析，这对于理解研究领域的实证方法和研究过程非常有帮助。而在一些研究论文中，作者可能会因篇幅限制，仅提供一部分实验数据，或者对数据的处理和分析不够详细。

阅读学位论文相较于直接阅读综述论文，也有其独特的优势。

学位论文的全面性使得读者能够从多个角度理解主题，同时也能更深入地了解研究过程和方法。而综述论文通常主要是对某个主题下已有的研究进行梳理和总结，对于理论构建和研究方法的深入分析可能较少。举个例子，如果你的研究方向是生物技术，你选择阅读一篇关于 CRISPR 基因编辑技术的综述论文，你可以了解到该技术的发展历程，不同研究团队的成果等，但关于实际操作步骤、实验设计和数据分析等能获得的信息较少。相反，如果你阅读一篇关于 CRISPR 基因编辑技术的博士论文，你将得到关于实验设计、数据分析等的详尽的信息，同时还可以了解到作者如何将理论应用于实践，以及他们的研究成果。

　　总结来说，学位论文具有全面、系统、详细和标准化的特点，能够更好地帮助初学者理解和掌握一个研究领域。因此，对于初学者来说，从阅读学位论文入手，比直接阅读研究论文和综述更易入门。

2. 学位论文的构架

　　学位论文格式大体上遵循一定的标准和规范，这些规范包括整个论文的结构，例如引言、文献综述、研究方法、结果与讨论、结论以及参考文献等部分。然而，在不同的研究领域，学位论文在格式上可能存在一些微妙的差异。比如，不同的研究领域可能会对论文的结构和章节设置有不同的要求。例如，理工科类的学位论文可能会更重视研究方法和实验结果部分，而文史类的学位论文则可能会更重视理论阐述和案例分析部分。大多数领域的学位论文会在开篇进行相关领域的详细描述，但在医学领域，综述会被习惯性地放到学位论文的末尾。

常规的学位论文包含以下相关的结构，这里按照最常见的顺序进行解读。

（1）摘要

学位论文中的摘要和其他类型的学术论文一样，是读者获取论文整体内容的快速和有效的方式。读者通常可以通过摘要在几分钟内对研究的目标、方法、结果和结论有所了解。学位论文摘要的第一段往往是对研究课题的背景描述以及研究目标的概述。

一般的学位论文会围绕研究主题开展侧重点不同的多个研究工作。作者一般会按照正文中的顺序，用独立的段落来逐一描述研究发现了什么，有什么重要的实证结果或理论贡献。这是摘要中最关键的部分，可以让读者迅速了解研究的主要成果。

在最后一段，作者会对整篇学位论文进行总结。此外，摘要后还会附上学位论文的关键词。整个摘要部分会包含英文翻译。

（2）目录

目录是学位论文结构的快速概览。它列出了论文中所有章节的标题和各部分的页码，可以帮助读者快速定位到感兴趣的部分。如果时间有限，无法阅读整篇论文，读者可以从中找出最感兴趣或最需要理解的部分，直接跳到目录中列出的相关部分。

（3）图录和表录

图录和表录是对学位论文中出现的所有图表的汇总和概览。它们将学位论文中的图、表按照出现的顺序列出，并提供每个图、表的标题和页码。

（4）引言/绪论/前言

"引言""绪论""前言"三个术语在不同的学位论文中经常被使

用，尽管它们之间有一些微妙的区别，但它们的主要目的都是为读者提供研究的背景信息，并阐明研究的目标和意义。

　　一般情况下，引言和前言的主要任务是向读者介绍研究的背景和主题，阐述研究的目的和问题，简述研究方法，并指出研究的可能价值。引言通常简洁明快，使读者能够迅速了解论文的主题和目标。

　　绪论与引言和前言相似，通常出现在学位论文的开始部分，用于为后面的研究内容做铺垫。绪论的主要功能是详细介绍研究背景，对研究问题进行详细的定义和描述，为后续的研究论述和讨论做好铺垫。与引言相比，绪论通常更详尽，提供的背景信息和研究问题的详细描述更多。

　　阅读这个部分时，首先需要仔细阅读并理解引言、绪论或前言中提出的研究问题和目的，这是理解学位论文主题的关键。这些部分也可能提到论文的主要发现或结果，供读者将其与论文后面的内容进行对比和参照。

　　其次，注意研究背景和现有研究的描述。这些信息可以帮助读者了解研究的上下文，了解作者为什么会进行这项研究，以及他们的研究是如何填补现有研究的空白或为现有研究做出的贡献。

　　最后，留意前言中对论文结构的概述。这会帮助读者了解论文的组织方式，也让读者更好地理解论文的流程和逻辑。

　　总的来说，引言、绪论和前言是读者理解论文内容的关键部分，为读者接下来的阅读提供了指引和背景知识。

（5）实验部分 / 方法介绍

　　实验部分和方法介绍在一些学位论文中会单独成章，但在另一些学位论文中会作为具体研究内容的章中的小节呈现。这取决于不同研究领域的习惯，以及作者自己研究内容的特色。如果整篇学位论文中不同侧重点的研究都沿用了较为统一的实验方法或分析技术，那作者会把相关内容总结成一章。但如果学位论文中不同章节研究的内容在实验方法或分析技术上差异较大，作者可能更倾向于在对应的章节中单独描述相关的内容。

理解这些部分对于理解整个研究的关键问题，如研究问题的提出、数据的收集、实验的执行和数据的分析，都是至关重要的。如果实验部分和方法介绍单独成章，那么在阅读这一章时，读者需要特别注意以下几点：

a. **研究设计**：这部分通常会详细描述研究的设计，包括实验的总体框架、使用的方法和技术，以及收集数据的过程。理解这一部分可以帮助读者了解研究的整体流程和步骤。

b. **实验材料和设备**：这部分会列出进行实验所需的所有材料和设备。这有助于读者了解实验的实际操作过程，以及实验的具体条件和环境。

c. **实验步骤**：这部分会详细描述实验的具体步骤，包括每一步的目的和执行方式。理解这一部分可以帮助读者理解实验的具体过程，以及每一步如何影响最终的结果。

d. **数据处理和分析**：这部分会解释如何处理和分析实验数据，包括使用的统计方法和分析工具。理解了这一部分，读者就知道如何得出研究的结果，以及如何解读这些结果。

如果实验部分和方法介绍作为具体研究内容的章中的小节呈现，那么在阅读这些小节时，读者应该关注以下几点：

a. **研究方法和技术**：每一小节都可能介绍新的研究方法和技术。理解这些方法和技术，以及它们如何应用于具体的研究问题，对于理解研究的全局视角和细节视角都非常重要。

b. **实验步骤和结果**：每一小节都可能包含具体的实验步骤和结果。这需要读者不断地在具体的实验步骤和结果与整个研究的框架之间来回进行切换，以保持对研究的全局理解。

c. **数据的解读**：每一小节都可能包含对实验数据的解读。读者需要理解这些解读是如何基于实验数据得出的，以及它们对整个研究的意义。

文科类的学位论文与理科类在内容和结构上有一些不同。虽然文科论文通常没有明确的"实验"或"方法"章节，但是其方法论的介绍和研究内容分析同样重要，尤其是在哲学、社会科学、人文科学等领域。即使没有明确的"方法"章节，论文也会在讨论中引入其方法论和理论框架。这可能包括对某种理论观点的阐述，或者介绍一种特定的分析或研究方法。理解这些是至关重要的，因为它们决定了论文是如何对其研究问题进行定位和分析的。

（6）具体的研究内容

学位论文的正文部分是研究过程中最详细的阐述，通常包含多个章节，每个章节分别介绍研究的某个方面。这些章节往往围绕着研究主题，展现了不同的独立工作，并且内容深度上通常是递进的。

首次阅读时，不需要深入理解每个章节的所有细节。读者的目标是了解每个章节主要讨论什么，以及它如何与研究的主题和其他章节相联系。这可以帮助读者构建一个大致的思维框架，了解研究的整体流程。

这些章节的内部也会有明显的结构，包括引言、主要内容、小结等部分。这种结构可以帮助读者理解每个章节的主要观点和论证过程。对于那些较长或较复杂的章节，可以尝试绘制概念图或思维导图来帮助理解。

每个章节都会有一些关键的论点和证据，这些是理解研究的重要部分。在阅读时，注意这些关键点，并尝试理解它们是如何支持研究主题的。因为学位论文的篇幅问题，一般无法一次性阅读即完全理解。在初读后，读者可以根据自己的需要和兴趣，选择性地深入阅读一些章节。这时，可以更详细地阅读和分析这些章节的内容，以更深入地理解研究。

（7）结论与展望

结论部分总结了整个研究的主要发现和观点。它通常会回顾整篇论文的主要论题，并阐述作者的主要研究结果，重点是回应论文一开始提出的研究问题或假设。阅读结论时，注意如下几点：

a. 理解主要发现：结论应清晰地总结主要的研究结果。读者应该理解这些结果是如何从研究中得出的，以及它们对研究问题的意义。

b. 评估论文的论证：结论通常会对整个研究的论证进行评价。读者应该评估这个论证是否合理，证据是否充分，以及结论是否符合论证。

c. 挖掘主题和主张：通过阅读结论，读者可以理解作者的主要主题和主张，以及作者如何通过研究来支持这些主张。

展望部分通常会讨论研究的局限性，以及未来可能的研究方向。阅读展望时，注意如下几点：

a. 理解研究的局限性：展望部分通常会讨论研究的局限性。这可以帮助读者理解研究的适用范围，以及需要谨慎解读的部分。

b. 了解未来的研究方向：展望部分也会提出未来的研究建议。这可以帮助读者了解该领域的未来发展趋势，以及该论文对未来研究可能的贡献。

（8）参考文献和附录

学位论文的参考文献和研究论文中的阅读技巧类似，在此不再赘述。

附录部分包含了论文中未能包含但又有助于理解论文的额外信息。这可能包括数据集、代码、研究工具、额外的实验结果等。读者可以通过查看这些内容来更深入地理解作者的研究方法和结果。附录还可能包含论文中没有提到的额外信息。这些信息可能是对论文主题的补充，或者是对未来研究的提示。

（9）作者简历及研究成果

学位论文的作者简历和研究成果部分，主要介绍了作者的个人信息和在论文完成过程中取得的主要学术成就。

作者的教育和工作背景可以帮助读者了解作者的专业领域和专业能力。例如，作者的学历和专业可以反映他们的理论知识，工作经历则可以显示他们的实践经验。作者的专业技能和证书可能反映他们在研究领域的专业性。如果作者在相关领域有深厚的技能和丰富的经验，那么这可能提高他们研究的可信度。作者的研究兴趣和目标可以帮助读者了解作者的研究方向和动机。这可能对理解作者的研究成果和未来计划有所帮助。

研究成果部分通常列出作者在完成学位论文期间的主要成就，包括发表的论文、获得的奖项、参与的项目等。发表的论文和获得的奖项是对作者研究质量的直接反映。读者可以通过查阅这些信息来评估学位论文的研究水平。作者参与的项目和合作研究可以帮助读者了解作者的研究领域和研究方法。这可能对理解论文的内容和研究背景有所帮助。

3. 学位论文获取方法

通常情况下，学位论文由授予学位的单位进行收藏，其中一些可能存在保密性要求。在中国，学位论文的收藏单位包括中国科技信息研究所和国家图书馆。而在美国、加拿大和欧洲地区，PQDT（ProQuest® Dissertations & Theses）是学位论文的收藏单位。

为了获取学位论文，读者可以采取以下方法之一：

（1）**联系学位论文的收藏单位**：与相关的学位论文收藏单位联系，了解是否可以获取所需论文的访问权限或副本。

（2）**使用专业数据库**：许多专业数据库提供学位论文的全文或文摘，其中包括以下几个：

· CNKI（中国知网）：提供中国硕士和博士学位论文的全文数据库。

· 万方数据库：提供中国学位论文的全文数据库。

· HKMO（港澳博硕）优秀学术全文资源库：提供港澳地区的优秀学术全文资源，包括学位论文。

· ProQuest® 博硕士论文全文数据库：提供全球范围内的博士和硕士学位论文的全文数据库。

·PQDT 文摘数据库：提供博士和硕士学位论文的文摘数据库。

五、专　利

专利（Patent）与上面的四类文献类型相比，在目的、性质和作用上有显著的区别。但它作为一种学术文献，也为科研工作提供了宝贵的信息资源。通过研究专利文献，研究人员可以获取最新的技术动态，理解特定领域的技术趋势，有助于启发新的科研思路和技术创新。对于一个国家或地区来说，专利的数量和质量往往被视为其科技实力和创新能力的重要标志。

拿专利和期刊论文之间进行对比，可以看到明显的差异：

法律意义上，专利权是一种法定的私有权利，属于物权范畴，可以被许可实施或转让，与商标权和版权并列，与经济利益相关。然而，论文仅涉及版权，通常由期刊独占发表。

审查方式上，获得专利权需要经过行政审批，由专利审查员代表专利局进行独立审批。这个过程包含不同的阶段和期限，逾期则失去权利。而论文则由期刊委托审稿人进行同行评审，是学术界自主行为，没有直接的行政成分。

创新性上，专利权只需要具备基本的创新性就可以获得，只要达到一定标准即可。而论文需要经过同行的评审，需要具有一定的创新和高度，才能在高质量期刊上发表。

目的上，专利权的初衷是为申请人获得技术方案的垄断权并带来经济收益，无论是防止他人实施，还是通过许可实施或专利权转让，都与经济利益相关。专利权也起到昭示申请人研发实力的作用，尽管这不是主要目的。论文本质上是对作者研究思想的总结，目的在于与同行交流，是一种无私的行为，尽管从客观上来说，作者可能会因此获得声誉和地位。

公开方式上，专利文件公开后，任何人都可以在专利局官网上免费查阅。相反，论文通过期刊或网络数据库公开，通常需要订阅或购买单篇，价格较高，出版单位从中可获取利润。

时效上，专利权有一定的时效限制，发明专利权的期限为 20 年，实用新型专利权的期限为 10 年，外观设计专利权的期限为 15 年。专利权失效后，该专利的技术内容永远公开，任何人都可以查阅和使用。论文则没有时间限制。

内容上，专利说明书应当包括技术方案的技术领域、技术问题、技术手段和技术效果，特别是解决技术问题的关键技术手段。论文则应提供作者的研究方法、数据、分析和结论。

在阅读专利文献和普通学术文献的过程中，由于内容和结构上的差异，所需要的方法和技巧也会有所不同。专利文献的结构通常包括专利号、申请日、公开日、申请人、发明人、IPC 分类号、摘要、说明书、权利要求书等多个部分。这种结构相较于普通文献更为严谨和复杂，需要读者具备一定的专利知识。专利文献的内容通常更侧重于技术细节和实用性。它详细描述了一项新的产品、方法或系统的技术细节和操作方式，同时也解释了这项技术相比于现有技术的优势和改进之处。由于专利文献的目的是保护发明者的权利，因此，它们通常会包含大量的权利要求。这些权利要求定义了发明的保护范围。在阅读过程中，专利文献通常含有大量的专利术语和法律术语，这对于读者来说可能是一个挑战。因此，理解并掌握这些术语对于有效阅读专利文献非常重要。

从阅读文献的角度来说，专利的主要内容呈现在权利要求书和专利说明书这两个部分。

1. 权利要求书

权利要求书是申请人确定专利权范围的依据，由一系列权利要求组成，其中包括独立权利要求和从属权利要求。独立权利要求的写法通常是描述一种产品（或方法），并列出其特征和特点。而从属权利要求则是在独立权利要求的基础上，进一步限定新的技术特征。

举例来说明，假设有一种新型的智能手机应用程序，可以通过识别用户的语音指令来执行各种操作。在权利要求书中，独立权利要求可以是"一种语音识别系统的应用程序，用于智能手机，包括接收用户语音指令、将其转换为文字并执行相应的操作，其特征在于具有高准确性和快速响应能力"。而从属权利要求可以进一步限定该应用程序的特征，例如"如权利要求 1 所述的应用程序，其特征在于具备多语言识别功能，能够识别英语、中文和法语"。

在权利要求的解读中，最关键的是确定其保护范围。权利要求中的技术方案并不是一个具体的实施方式，而是多种实施方式的集合或抽象。因此，权利要求的保护范围涵盖了所有可能的技术方案，不同于说明书中具体实施方式下的技术方案。因此，权利要求，特别是独立权利要求一般不包含与技术主题不相关的技术特征，否则保护范围就会大大缩小。一般而言，权利要求应包括技术主题、为解决说明书所声称的技术问题的关键技术特征，以及支撑上述关键技术特征正常运转的技术特征。除此之外，不应包含其他技术特征。其他技术特征可以写在从属权利要求中或干脆不写入。

举例来说明，考虑一种防眩光眼镜的专利申请，该眼镜设计用于减轻眩光，以提供更舒适的视觉体验。那么其独立权利要求可以写为："一种防眩光眼镜，包括镜框和镜片，其特征在于，在镜片上覆盖了一层具有抗眩光功能的薄膜。"这个独立权利要求涵盖了所有具有镜框和镜片，并且镜片上覆盖了抗眩光薄膜的眼镜设计。通过这个权利要求，申请人可以保护他们的眩光减轻技术，无论具体的镜框形状、镜片材质或薄膜成分如何。从属权利要求可以写为："一种如权利要求 1 所述的防眩光眼镜，其特征在于，所述薄膜具有多层结构，包括抗反射层和偏光层。"从属权利要求进一步限定了抗眩光薄膜的结构，包括多层结构中的抗反射层和偏光层。这样的权利要求提供了更具体的技术特征，对专利的保护范围进行了进一步的细化。

在这个例子中，通过权利要求的设计，申请人可以广泛保护与防眩光眼镜相关的技术，同时具备一定的灵活性，适应不同的设计和材料选择。

2. 专利说明书

专利说明书和附图用于发明人对申请的技术方案进行清晰、完整的说明。根据专利制度的公开和保护原则，说明书需要详细披露技术方案的细节，特别是解决技术问题所涉及的相关细节。专利说明书可以用于了解相关技术领域最新进展、竞争对手的专利布局和研发动向。专利说明书具有高度格式化的特点，具有统一的结构和一致的风格，一旦熟悉这套语言体系，就不会觉得难读。

专利说明书通常包括以下部分：

（1）**技术领域**：该部分简要描述了该专利所属的技术领域或领域范围。它提供了一个背景，使读者了解该专利的适用范围和相关领域，能够帮助读者快速确定是否属于自己感兴趣的领域。

（2）**背景技术**：该部分主要介绍了在专利申请之前已经存在的相关技术、发明或解决方案。它用于概述现有技术的状态，并突出现有技术的局限性或问题。这一部分的目的是强调本发明的创新性和相对于现有技术的改进或优势。在这一部分中可能会引用相关的文献，包括专利和期刊文章等。

（3）**技术方案**：该部分内容是专利说明书的核心。它详细描述了发明的结构、组成、步骤或方法。这一部分需要提供足够的细节，使技术人员能够根据说明书来实施该发明。这包括发明的具体特征、元素或步骤，并可能包括示例、图表或实验数据以支持描述。

（4）**附图说明**：该部分包括专利说明书中所附的图示，通常是图表或示意图。图示有助于读者更好地理解发明的实施方式。附图说明部分会逐个解释每个图示的内容和关键要点，解释图中的符号、参考号和示例结构。这样，读者可以结合文字说明和图示来更好地理解发明。

（5）**具体实施方式**：该部分提供了对发明的具体实施的详细描述和说明。它可以包括特定的步骤、方法、实验条件、工艺参数等，以及发明的实施示例。这一部分旨在提供实施该发明的详细指导，以帮助他人按照说明书的教导来实施该专利。

在阅读专利时，读者首先需要明确为什么要进行阅读。通常有两个目的：第一，理解专利文件中描述的技术方案，分析文件所记载的技术细节；第二，分析专利的保护范围，进行专利预警（通过收集与分析本行业技术领域及相关技术领域的专利信息和国内外市场信息，了解竞争对手在做什么）。大多数的学术新人是第一种阅读目的，主要关注专利文件中所描述的技术内容，了解技术的发展和进展情况，因此无须过多关注摘要、权利要求和技术方案等内容，可以直接阅读具体实施方式部分。通过阅读具体实施方式，读者可以了解专利文件所记载的技术细节，从而掌握相关技术领域的技术进展。

读者在阅读的时候一定会觉得专利的描述拗口，简直比论文中的用语还要难以理解。这是因为专利制度并非源自中国，而是来自外国。专利语言受到外国语言，尤其是英语的影响。中国的整套专利制度是借鉴了外国的经验和模式，并在此基础上进行了本土化的改进和适应。因此，专利使用的语言有着非常明显的英文痕迹。为了读懂专利，读者无须过于纠结这些历史原因，只需要适应以下规则：

专利中读者会频繁看到"其特征在于""根据权利要求 X 所述的""所述"等说法，这类用语是审查指南中规定的。

· "其特征在于"用于区分已有技术和改进部分之间的特征。它将前面提到的现有技术与后面提到的改进之处进行区分。

· "根据权利要求 X 所述的"适用于从属权利要求或第 n（例如 $n>2$）项独立权利要求。它用于确定权利要求书中各个特征的组合方案。

· "所述"用于确定后文的特征与前文中同名特征是相同的。它指示同一特征在不同部分的引用和描述。

举例说明：

（1）一种电动车，包括车身，其特征在于：所述车身上设置有A和B。

（2）根据权利要求1所述的一种电动车，其特征在于：所述车身上还设置有C。

（3）根据权利要求2所述的一种电动车，其特征在于：所述C上设置有D。

（4）根据权利要求1至3任一所述的一种电动车，其特征在于：所述车身上还设置有E。

在这个专利的权利要求中，权利要求1中的"包括车身"即为前序部分，表示该电动车包含了现有技术中的"车身"结构。"所述车身上设置有A和B"即为特征部分，表明该电动车具有现有电动车中没有的结构。

从权利要求中的引用部分"根据权利要求X所述的一种电动车"，表示其与其他权利要求的组合关系。根据权利要求2的实际完整内容为1+2，即一种电动车，包括车身，所述车身上设置有A和B，所述车身上还设置有C。根据权利要求3的实际完整内容为1+2+3，即一种电动车，包括车身，所述车身上设置有A和B，所述车身上还设置有C，所述C上设置有D。

权利要求4是多项引用，实质可以认为是3条权利要求的组合：1+4，1+2+4，1+3+4。

可以看到，新定义的特征前不会加"所述"，如权利要求1中的第一个"车身"、A和B，权利要求2中的C等，而再次描述相关特征时，则会加"所述"，如权利要求 1 中第二"车身"，权利要求 2 中的"车身"，权利要求 3 中的 C，这样做的目的就是表明，权利要求 3 中的 C 跟权利要求 2 中的 C 是同一个东西，这是专利作为法律文书对准确性的要求，也方便在出错时有依据地进行纠正。

此外，专利中的上位概念和功能性限定的描述也是造成拗口的原因，为的是扩大保护范围。比如，在一个设备中，许多组件或连接结构、位置关系等，都可以使用其他方式进行替代。比如，如果只需要将两个元件固定在一起，就有胶水粘接、磁力吸附、扣环连接、锁扣、快速连接等方式。再如，为操控某个组件的运动，可以采用的驱动力源有电磁铁、弹簧、液压系统等。若要将一件物体从一个地方转移至另一个地方，可以直接搬运，可以绕道，可以先搬到另一个位置再移到目的地，可以用轨道输送，可以抛过去，可以用吸盘吸过去，可以依靠惯性滑过去，可以拉过去，等等。

因为侵权判定是全面覆盖原则，侵权产品需要符合描述的所有技术特征。因此，如果你的一项专利，里面写 A 和 B 通过胶水粘接在一起，而别人的产品，用磁力吸附在一起，即使两者对于整个技术方案来说，起到的效果并没有区别，按照全面覆盖原则，对方的产品也不算侵权。因此，专利文件的一个目标，就是描述中包含属于同一发明构思下的所有可行方案。为此，就形成了上位概念和功能性限定的描述方式，两者经常也会结合使用。例如，上述例子中的"动力源"就是包含"电磁铁、弹簧、液压系统以及其他同类功能结构"的上位概念。而对于移动物体的那个例子，则会写成"搬运设备，用于将物体 A 搬运至位置 B"，其中的"搬运设备"是上位概念，"用于将物体 A 搬运至位置 B"则是功能性描述，这样就包含了上述所有以及其他类似方案。

　　除了中国专利以外，你也有可能在搜索文献时接触到不同国家的专利，以及国际专利。但通常情况下，专利都是用其原始国家的语言书写的，所以你看到的美国专利是英文的，日本专利是日语的。此外，不同国家的专利文档格式可能会有所不同。例如，美国专利通常包括背景、摘要、详细描述、权利要求等部分。其他国家可能也有类似的结构，但具体的组织方式和部分名称则有所不同。作为基于科研诉求的专利阅读来说，你只要熟悉专利的语言体系和结构框架，就能够找到需求的信息。

六、其他 9 种文献类型

　　在学术领域中，各种类型的文献扮演着不同的角色，反映了知识生成和传播的多样性。除了上述常见的文献类型之外，还有许多其他类型的文献，如技术报告、政策文件、案例研究、书评、新闻报道等。这些文献类型对于不同的领域，包括但不限于自然科学、社会科学、人文科学等，都有其特定的重要性。

　　技术报告通常由公司或政府机构发布，详细描述了某项具体技术的开发过程和结果。这些报告往往包含大量的原始数据和详尽的实验细节，对于跟踪最新的技术进展和理解某种技术的具体实施非常有用。例如，在信息技术领域，谷歌、微软等公司的技术报告常常是研究人员获取最新技术动态的重要来源。

　　政策文件通常由政府或其他公共机构发布，对于了解政策环境、研究政策影响、预测政策走向等都是重要的参考资料。例如，在环境科学和能源学领域，政府的政策通常会对研究方向和研究内容产生重要影响。

案例研究是一种常见的社会科学和商业研究方法，通过深入研究个别或一组案例来理解和解释复杂的社会现象。对于学习和理解特定现象，特别是那些在实验环境中难以重复或操作的现象，案例研究是一种非常有用的研究方法。在商业管理领域，哈佛商学院的案例研究是非常知名和有影响力的。

书评和新闻报道通常对新的研究成果进行评价和解读，对于了解新的学术动态、把握学科发展趋势以及推广学术成果都有着重要作用。例如，在人文社科领域，一篇好的书评可以帮助读者理解一本书的主题和观点，以及它在学术界的影响和价值。

本部分描述了这些文献类型中较为常见的类别，包括技术报告、政策文件、白皮书、案例研究、实验指南、病例报告、书评、专著、学术文集。其他一些文献类型则收录在附录 4 中，包括简讯型论文、简报、评论、读者来信、社论、观点、前瞻、论坛、实践叙述、数据说明、媒体评论、视觉短篇、视频短篇、教育案例、讣告和勘误。在医学领域和教育领域还有一系列特有的文献类型，比如手术史、手术技术、临床道德规范、教学创新等，因为过于专业，本书不作介绍。

1. 技术报告

技术报告（Technical Report）是一种在科学和工程领域常见的学术文献类型。通常，这些报告是由科研机构、公司或政府机构编制的，详细记录了某项具体技术的研发过程、实验结果和应用前

景。技术报告的主要目的是提供具体、翔实的实验数据、研发方法和
技术细节，以便其他研究人员或相关机构参考和使用。技术报告在
科学和工程领域非常常见，包括但不限于信息技术、生物技术、材
料科学、能源技术、航空航天技术、化工和制药技术等。例如，在
信息技术领域，技术报告常常是研究人员了解最新的算法设计、软
件开发和硬件技术的重要来源。在能源技术领域，技术报告可以帮
助研究人员了解新的能源开发和利用技术，以及它们的经济效益和
环境影响。

　　例如，美国能源部在 2010 年发布的技术报告"Assessment
of Offshore Wind Energy Resources for the United States"
(《美国海上风能资源评估》)，是美国政府为了评估和利用海上风能
资源而进行的一项重要研究。这份技术报告有一百多页，对美国的
海上风能资源进行了全面的评估，包括风能的地理分布、风速、风能
密度等基本参数。报告利用了多年的气象观测数据，以及先进的数
值模拟技术，为每一个海域提供了详细的风能资源信息。这些信息
对于理解美国的风能资源分布、预测风电站的发电潜力，以及规划
风电站的布局都是非常重要的。报告接下来评估了海上风能的开发
潜力，包括可利用的技术、设备、成本和效益等多方面的因素。报告
详细分析了当前的风电技术，包括风机设计、风电场建设、电力输
送等关键技术，以及这些技术的发展趋势和研发需求。报告还评估
了海上风电的建设和运营成本，以及与其他能源形式的竞争力。这
些分析为海上风电的研发和商业化提供了科学的指导和参考。再者，
报告还考虑了海上风能开发的环境影响，包括对海洋生态、气候变
化、海洋风景等方面的影响。报告利用了环境影响评估和生态风险

评估等方法，全面评价了海上风电的环境影响，为保护海洋环境和持续发展风能提供了科学依据。最后，报告还讨论了海上风能开发的政策和法规问题，包括风电场的选址、建设许可、环保标准、电力市场政策等多方面的内容。

除了政府部分外，一些国际组织也会发布技术报告。比如，国际纯粹和应用化学联合会（IUPAC）就会定期发布一些重要的技术报告，其中之一就是"Atomic Weights of the Elements 2013（IUPAC Technical Report）"（《2013 年元素原子量 IUPAC 技术报告》）。该报告是由 IUPAC 委员会提供的，主要对元素的标准原子量进行修订和更新。这个报告是化学和物理研究领域的基础参考文献，涵盖了所有元素最新的、科学测定的原子量。报告详细列出了每一个元素的标准原子量，并对与以前版本相比发生变化的元素进行了详细的说明。例如，对于一些重元素，由于对其同位素丰度的知识有了更新和改进，它们的原子量进行了相应的调整。此外，报告还解释了原子量的测定方法，包括同位素比率测定、质谱法等，并对测定结果的准确度和可靠性进行了讨论。这对于理解原子量测定的科学原理，以及对化学实验数据的解释都是非常有帮助的。

技术报告如果发表在学术期刊上，一般会遵循学术期刊的排版要求，而独立发布的技术报告一般没有固定的格式。较长的技术报告很多时候看起来就像是一本专著，会有目录用于快速查阅。

2. 政策文件

政策文件（Policy Paper）是一种特殊类型的学术文献，往往由政府部门、国际组织或者权威机构发布。这些文献通常详细阐述了一项新的政策，描述了政策的背景，阐释了政策的目的和预期结果，以及实施政策的具体方法和步骤。政策文件的主要特点是权威性、规范性、及时性和针对性。权威性体现在政策文件的发布主体通常具有较高的社会地位和较大的影响力，规范性体现在政策文件通常包含具有法律效力的规定，及时性体现在政策文件往往是针对某一特定时期的特定问题提出的解决方案，针对性体现在政策文件的内容通常是针对某一特定领域或者群体的。

政策文件在一些学术研究领域中扮演了非常重要的角色。首先，政策文件是社会科学研究的重要数据源。许多社会科学的研究课题，比如政策分析、政策影响评估等，都离不开政策文件。通过分析政策文件，读者可以了解政策的制定背景，理解政策制定者的意图和目标，预测政策可能产生的影响，甚至可以从中发现政策制定过程中可能存在的问题和不足。其次，政策文件也是进行政策建议和政策创新的重要依据。许多政策研究不仅仅局限于描述和解释政策现象，更希望通过政策研究提出有针对性的政策建议，以促进政策的改进和完善。

政策文件与其他类型的学术文献有几个主要的区别。首先，政策文件的作者通常是政府部门或者权威机构，而其他类型的学术文献的作者通常是个人或者研究团队。这就导致政策文件的权威性和影响力通常远大于其他类型的学术文献。其次，政策文件通常具有明确的实施对象和实施期限，而其他类型的学术文献通常没有这样的限制。此外，政策文件的语言通常更加正式和规范，而其他类型的学术文献的语言通常更加自由和灵活。

比如，《巴黎协定》（*Paris Agreement*）于 2015 年 12 月在

法国巴黎的联合国气候变化大会上达成，旨在在全球范围内应对气候变化的威胁。该协定规定各国家承诺减少温室气体排放，并共同努力限制全球温度上升程度。其核心内容包括确保全球气温比工业化前水平上升不超过 2 摄氏度，争取将上升幅度限制在 1.5 摄氏度以内，以及每五年重新评估并提高减排目标。在学术研究中，《巴黎协定》的引用和研究极为广泛。例如，在环境科学领域，研究者引用《巴黎协定》，评估不同排放减少策略对气候的长期影响，以及为了达到协定目标所需要采取的各种行动和技术。该协定也在经济学研究中被引用，以评估气候变化对全球经济的影响，以及采取不同的应对策略所带来的经济影响。此外，该协定还在国际关系、政策研究等领域被引用，研究各国在实施协定方面的不同立场、矛盾与合作，以及如何通过国际合作来实现协定的目标。

《安全、有序和正常移民全球契约》（*Global Compact for Safe, Orderly and Regular Migration*）是另一个有名的例子，它是联合国于 2018 年颁布的一项全球移民政策，旨在确保国际移民的有序、安全、规范和有责任感的管理。该契约不具有法律约束力，但为各国提供了一项共同遵守的框架，包括保护移民权益、优化移民流程、减少移民驱动因素等 23 项具体承诺。该契约在社会科学领域的引用率很高，研究者引用这份契约，分析国际移民现象的背景和特点，探讨不同国家在移民政策上的态度和差异。该契约也在人权研究中被引用，以关注移民权益的保护问题，以及如何通过国际合作来解决移民问题。在经济学领域，该契约被用来研究移民对全球经济的影响，以及如何通过优化移民流程来促进全球经济发展。

3. 白皮书

白皮书（White Paper）通常是由政府、非营利组织、公司或其他利益相关方发布的详细报告或建议书。白皮书的目的是提供特定问题或主题的全面分析和解决方案，以促进决策的制定、政策的制定或行动计划的形成。

白皮书的一个主要特点是全面性。它们旨在提供关于特定问题的全面信息，包括背景、数据、统计和相关研究的综述。通过深入探讨问题的各个方面，白皮书可以提供决策者和利益相关方所需的详尽信息，以便做出明智的决策。

白皮书通常还具有实用性和可操作性。它们不仅提供对问题的理论分析，还强调解决问题的具体方法和建议。白皮书可能包括政策建议、行动计划或实施指南，以帮助读者了解如何应对问题，并推动实际行动。白皮书在学术界和实践中都扮演着重要的角色。在学术界，白皮书可以提供研究机构和学者的观点和研究成果，推动特定领域的发展。在政府和组织中，白皮书可以为政策制定者和决策者提供决策依据，引导政策和战略的制定和实施。此外，白皮书还可以让公众对重大问题有所了解，帮助他们参与社会讨论并形成自己的意见。

白皮书的结构可以根据具体情况有所不同，但通常包括以下几个部分：

（1）**引言**：介绍白皮书的背景、目的和范围。这部分通常包括问题的概述和对其重要性的阐述。

（2）**分析**：提供对问题的深入分析，包括相关数据、统计和案例研究。这一部分旨在为读者提供对问题的全面了解，并帮助他们认识到问题的复杂性和影响。

（3）**解决方案**：提出具体的解决方案或建议。这可能包括政策框架、战略规划或实施策略。解决方案应该基于对问题的全面分析，并具备可行性和可操作性。

（4）**结论**：总结白皮书的主要观点和建议。这一部分强调问题的紧迫性和解决方案的重要性，并鼓励读者采取行动。

一个著名的白皮书的例子就是由神秘人物（或团体）中本聪在 2008 年发表的"Bitcoin: A Peer-to-Peer Electronic Cash System"（《比特币：一种点对点的电子现金系统》）。它不仅创造了比特币，而且奠定了整个区块链技术的基础。其影响力在学术界中尤其深远，已经影响到许多学科，包括计算机科学、经济学、法学等。

这份白皮书详述了比特币的设计和原理。比特币是一个基于密码学的电子货币系统，其最核心的特性就是去中心化。每笔交易都被包含在区块中，并通过密码学算法将新的区块链接到前一个区块，形成一个区块链。此链条形成的是一个公开且不可篡改的交易历史记录。这一点是比特币相较于传统货币系统的革命性创新，它消除了对中心化信任实体的依赖。

在学术界，该白皮书的影响是深远的。首先，它在计算机科学中引入了一种新的分布式计算模型。区块链技术以其独特的去中心化和防篡改特性，为数据存储、计算和通信带来了新的视角，开启了多方面的研究。其次，该白皮书对经济学领域产生了巨大影响。比特币和其他以区块链技术为基础的加密货币，挑战了传统的货币理论和金融体系，引发了学者们对货币、货币政策、金融稳定等议题重新的深度思考。同时，这种新型的资产类别也对投资理论、风险管理等领域产生了深远的影响。另外，比特币和区块链技术在法律领域也引发了一系列的讨论。如何定义比特币，它在法律上的地位如何，应该如何进行监管，等等，都成为法学研究的新领域。

总的来说，中本聪的这篇白皮书打开了一个新的领域，它的创新性观点和设计不仅在技术上实现了一次飞跃，也在学术界引发了深远的影响。无论是在计算机科学、经济学还是法学等领域，其都催生了大量的研究和讨论，推动了相关学科的发展。

另一个有名的例子是欧洲委员会在 2020 年发布的 "White Paper on Artificial Intelligence: a European approach to excellence and trust"（《人工智能白皮书》)，概述了欧盟在人工智能领域的政策方向。这篇白皮书对于人工智能的发展，特别是在伦理、合规性和创新方面，提供了重要的启示和方向。白皮书概述了欧洲的策略，该策略旨在将欧洲塑造为优秀和值得信赖的人工智能领域的领导者。这包括了对 AI 的投资，以及鼓励全欧洲的 AI 生态系统的发展，其中包括研究、创新和部署。白皮书的重点是建立一个可信赖的 AI 环境。该环境需要确保所有 AI 应用的透明度、追踪性和责任性，以便在保护公民权益的同时，还能够鼓励创新。白皮书详述了一系列具体的政策建议，包括法规、监管框架和其他措施，以确保 AI 的安全性和可靠性。

在学术界，这篇白皮书的影响是深远的。首先，它引发了对 AI 伦理问题的深入研究，包括数据隐私、算法偏见、自动决策的公正性等。这些议题已经成为计算机科学、法学和社会学等领域的主要研究方向。此外，这篇白皮书也为 AI 的政策研究提供了重要的案例和参考。欧洲的策略在全球范围内被视为平衡创新和公众利益的典范，为其他国家和地区的政策制定者提供了有价值的参考。

4. 案例研究

案例研究（Case Study）是对特定事件、现象、个体或情境进行深入、细致、全面的研究。它强调对具体情况的描述和解释，以理解该情况的复杂性、特殊性和独特性。案例研究可以是定性的或定量的，也可以是二者的结合。它可以提供丰富、翔实的数据，帮助研究者理解和解释研究对象的特性和现象。这种理解和解释可能会挑战、扩展或者支持已有的理论和观点。

案例研究可以帮助研究者开发新的理论和观点。由于案例研究的深入性和全面性，研究者可以从中发现和抽象出新的概念、新的变量、新的关系或者新的模式。此外，案例研究也可以帮助研究者验证和改进已有的理论和观点。通过将理论和观点应用到具体的情境中，研究者可以检验其适用性和有效性，发现其可能的不足和限制。

一般的案例研究可以分为 6 种类型，它们的特点如表 2-1 所示。

表2-1　案例研究的6种类型

案例研究类型	特　　点
描述性案例研究	当读者有一个已有的假设时，作者可以设计一个描述性研究。这种类型的报告以描述开始。其目的是找出被研究对象与理论之间的联系。一旦找到了这些联系，作者可以得出结论。这种类型的研究结果部分最后通常会提出如何进一步发展理论的建议

续表

案例研究类型	特　　点
解释性案例研究	探索和解释特定个案中的因果关系、原因和结果。通过深入分析，提供对现象或事件的理解和解释。该研究还将分享事件的影响细节。在大多数情况下，这份报告将用证据来预测未来的发生情况。一般情况下，解释性案例研究的结果是明确的
探索性案例研究	侧重于开展初步研究，以探索新颖的、未经深入研究的主题或领域。这种类型的研究通常用于引发更深入的研究和讨论
内在案例研究	关注个案本身，通过研究个案的内在特质和特点，来获得关于个案本质和内在价值的理解。内在研究在心理学领域更为常见，也可以在医疗保健或社会工作领域进行。这类研究侧重于独特的个案，比如一个患者。有时它们可以研究与读者关系密切的群体
工具性案例研究	通过将个案视为研究工具，来帮助研究者深入探究特定问题或现象。这种类型的研究可以揭示个案在特定研究背景下的作用和影响。这是医学和心理学领域中另一种常见的研究类型
集体案例研究	涉及多个个案，旨在研究和比较多个个案之间的共同特点、差异和模式。这种类型的报告通常用于识别和分析个案之间的共同问题和趋势。研究目的一般包括提供开始新研究的证据，寻找多个工具性案例研究之间的模式，寻找相似类型案例之间的差异，对复杂现象进行更深入的理解，从不同的背景中理解一个现象

　　案例研究通常聚焦于一个特定的事件、现象、个体或者情境，而其他类型的学术文献可能涵盖更广的主题和范围。案例研究强调对具体情况的深入描述和解释，而其他类型的学术文献可能更注重理论的开发和验证。此外，案例研究的结论通常是具体的、深刻的和生动的，而其他类型的学术文献的结论可能是抽象的、理论性的和

通用的。

案例研究在很多学科领域都比较常见，比如商业研究、心理学、社会学、政治学、人类学、教育学、健康科学、法学等。在商业研究中，案例研究常常用于研究企业战略、市场营销、组织行为等问题。在心理学中，案例研究常常用于研究个体的认知、情感、行为等问题。在社会学和政治学中，案例研究常常用于研究社会结构、社会动态、政治过程等问题。在教育学中，案例研究常常用于研究教学方法、学习过程、教育政策等问题。

比如，让·皮亚杰（Jean Piaget）的认知发展理论是心理学中著名的案例研究。作者是瑞士的发展心理学家，作者的研究方法主要是观察和详细记录孩子们的行为和发展过程，而这些孩子通常是作者自己的孩子或作者认识的孩子。作者不只是简单地观察孩子们的行为，还会通过提出问题和设置情境来探索他们的思维过程。例如，在研究对象永久性（Object Permanence）这一概念时，作者会将一个玩具放在婴儿的面前，然后用一块布将其遮盖。如果婴儿能够把布挪开来寻找玩具，那么就可以得出婴儿已经理解对象永久性这一概念，即知道物体即使被遮盖住也依然存在。又如，在研究儿童的逻辑思维能力时，作者会通过"守恒实验"来测试孩子们。在这个实验中，作者会把两个相同量的水倒入两个形状和大小相同的杯子，然后会把其中一杯的水倒入一个高瘦的杯子，问孩子哪个杯子的水更多。如果孩子们能够理解量的守恒原则，那么他们就会说两个杯子的水量是相同的。而在达到某个发展阶段之前，孩子们通常会认为高瘦的杯子里的水更多。

通过这样的观察和实验，作者提出了认知发展阶段理论。这些实验现在已经成为心理学领域的经典案例，它们揭示了儿童在不同年龄阶段的思考方式和理解世界的能力。作者的认知发展理论提出了四个主要的发展阶段：感觉运动期（出生至 2 岁）、前运算期（2 ～ 7 岁）、具体运算期（7 ～ 11 岁）和形式运算期（11 岁以上，包括青少年和成人）。每个阶段都有其特定的思维方式和学习方式。作者认为，孩子们需要按照这些阶段的顺序进行发展。

作者的研究结果对心理学和教育领域有深远的影响。作者的理论强调了儿童的发展是阶段性的，且每个阶段都有其特有的认知能力。这对于教育者来说是至关重要的，因为它帮助他们理解在某个特定年龄段，儿童能够理解和学习的内容，这有助于创建出更有效的教学策略。作者的理论也影响了其他领域，如人工智能。人工智能研究者借鉴作者的阶段性发展理论，尝试模仿人类的认知发展过程，来创建能够学习和适应环境的机器学习模型。此外，作者的理论也被用于理解成人学习者的行为和思考方式，尤其是在进行新任务或面临新挑战时。

5. 实验指南

在学术研究中，实验指南（ Method/Protocol ）主要聚焦于研究方法或实验步骤的详细描述。这类文献在许多科学领域中都有涉及，尤其是生物医学、化学、物理学以及工程学等。实验指南类文章主要发布对特定实验方法或分析过程的详细描述和指南。这些方法或方案可能已在原始研究文章中有简要描述，但实验指南提供更深入、更详细的说明，使其他研究者可以准确复制这些实验和分析。在科学研究中，实验的可重复性是非常重要的，这就是实验指南类文章存在的原因。与常规的学术研究文章相比，实验指南的主要区别在于，它们更关注实践细节和操作步骤，而不是新的科学发现或理论。

一篇实验指南的主体通常包括以下部分：实验或分析的背景和目的，所需的材料和设备，详细的步骤和流程，以及可能出现的问题和解决方案等。而这些内容在传统的研究文章中可能会被精简或省略。另外，实验指南也提供了一个让研究者分享他们的创新方法或技术的平台，这些方法可能对整个研究领域具有革命性的影响。此类文献通常会受到广泛的关注，因为它们为研究人员提供了更高效、更准确或更经济的实验方法。

比如，《自然实验室指南》（*Nature Protocols*）是《自然》出版集团旗下的一份专门发表实验指南的期刊。这本期刊在科研界有很高的认可度和影响力，它代表了实验指南类文献的最高水平。作为领先的实验指南期刊之一，《自然实验室指南》的目标是发布具有可复制性、可靠性和高效性的实验方法。这些方法涵盖了生物科学、化学和相关领域的广泛研究。期刊所发表的每一篇文章都经过了严格的同行评审过程，以确保方法的有效性和准确性。

6. 病例报告

在医学和相关的生命科学领域，病例报告（Case Report）是一种常见的学术文献类型，主要描述和分析特殊的、罕见的或者具有启示性的个案。这些报告可能包括新症状、新疾病、新疗法，或者已知疾病的新表现等。

病例报告的主要目标是为医学研究和临床实践提供独特的见解和理解。这些报告可能揭示疾病的新的或者不寻常的方面，也可能阐明新的临床方法和治疗方式。因此，病例报告对医学专业人士在理解和应对罕见疾病或者复杂的症状方面是非常重要的。

病例报告与其他类型的医学文献的主要区别在于，它主要关注个别病例，而不是像随机对照试验或队列研究那样基于大型样本进行研究。因此，虽然病例报告在提供深度洞察和个性化理解方面非常有价值，但它们的结论在统计学意义上往往较弱，不能直接作为普遍规律。因此，在引用病例报告时，医学专业人士需要谨慎处理，以避免过度推断。

在写作病例报告时，通常需要按照特定的格式进行，这包括简短的摘要、详细的病例描述、讨论部分以及参考文献。在讨论部分，作者需要解释为什么这个病例独特或者重要，以及其对当前的医学理论和实践的影响。

一个著名的病例报告是在 1981 年发表的关于艾滋病的第一份报告，标题为"Pneumocystis Pneumonia — Los Angeles"，这篇文章是在美国《疾病控制与预防周刊》（*Morbidity and Mortality Weekly Report*）上发表的。这篇病例报告描述了在洛杉矶发生的五个奇怪的肺炎病例，这些病例的共同特征是都发生在之前健康的年轻同性恋男性身上。他们因为罕见的肺炎（由 Pneumocystis carinii 引起）入院，并且他们的免疫系统显著地减弱。在这之前，这种肺炎主要出现在免疫系统严重受损的人群中，比如器官移植接受者或正在接受化疗的癌症患者中。

在这个病例报告发布后不久，全世界开始出现类似的报告。随后的科学研究揭示了这是一种新的疾病，现在我们称之为艾滋病（Acquired Immunodeficiency Syndrome，AIDS）。该病是由人类免疫缺陷病毒（HIV）引起的，通过血液、性接触、母婴和共享注射器等方式传播。这篇病例报告在医学历史上的地位独特，因为它标志着艾滋病的发现和全球公共卫生社区对这种疾病的认知。尽管这篇文章仅描述了五个病例，但它揭示了一种新的、全球性的、威胁生命的传染病，对于医学和全球健康产生了深远影响。

另一个非常著名的病例报告是由保罗·布洛卡（Pierre Paul Broca）在 1861 年发表的，标题为 "Remarks on the Seat of the Faculty of Articulated Language, Following an Observation of Aphemia（Loss of Speech）"。这篇论文描述了一个名为 "L'homme de Tan" 或 "Tan" 的患者，他因为只能发出 "tan" 这个词而得名。"Tan" 的真实姓名是路易·维克多·勒博涅，他在青年时期开始失去言语能力，直至只能说出 "tan" 这个词，但他的理解能力并未受到影响。当勒博涅死后，布洛卡进行了尸体解剖，发现他的大脑左侧前部有一处明显的损伤。这个区域后来就被命名为布洛卡区（Broca's Area）。

这篇病例报告是神经心理学领域的一个重大突破，它首次科学地证明了大脑的某个特定区域与特定的心理过程或能力有关。这标志着"定位论"在现代神经科学中的开端，也就是说，认为大脑的特定区域负责特定的心理功能。对勒博涅的研究，让我们开始理解大脑是如何处理和产生语言的。这是神经科学、心理学和医学等领域的基础。

7. 书评

书评（Book Review）是对新出版的书进行深入分析和评论的

文章。书评作为一种有意义的学术讨论形式，主要出现在人文学科、社会科学，也会出现在自然科学和应用科学等各个领域。

一篇完整的书评通常包括以下几个部分：图书的基本信息，如书名、作者、出版年份等；书的主要内容的总结；书的主题和目标的分析；评价作者的写作风格和研究方法；以及对书的评价和建议。书评的写作目标在于让读者对这本书有一个全面的了解，包括它的内容、价值、限制以及它对特定领域或者研究话题的贡献。

书评和其他类型的学术文献在目标、格式和内容上有所不同。与学术研究文章不同，书评并不主张新的理论观点，而是对已有的书进行评价和分析。它通常更侧重于个人的评价和观点，而非严格的研究过程和数据分析。然而，这并不意味着书评可以缺乏理论依据或者论证。相反，高质量的书评应该基于对书的深入理解和相关领域的专业知识。

书评一般来说不用通过匿名的同行评议，但刊登书评的期刊会由相应的书评编辑来审核，有些期刊会对书评进行编委会成员的评议。很多学术期刊的书评栏目并不接收自由来稿，而是由相应的书评编辑约稿。有些学术期刊的书评会有指定的书目，可以联系编辑部获取书目后再撰写书评。

比如笔者就发表过一篇名叫"A comprehensive analysis of China's quest for carbon neutrality"的书评，刊登在《能源》（*Energy*）上，评价的是 *Energy Poverty in China: Evaluation and Alleviation* 一书。这是一本对中国能源贫困问题进行全面深入分析的书。书中主要探讨了中国在实现碳中和目标过程中，特别是在能源贫困方面所面临的复杂问题。该书为全球化背景下的国家设计有效能源和环境政策提供了独特的见解，特别关注能源结构的低碳转型和能源贫困。通过批判性而平衡的评估，作者成功地阐述了对解决中国能源贫困的各个方面和挑战的全面理解。笔者在书评中简单地描述了，这本书分为十章，每章专注于中国能源贫困的不同方面。作者不仅呈现问题，而且深入探讨了根本原因，并提出了各种减缓策略。作者运用定量和实证方法，探索了低碳能源结构改革、包容性金融和煤改气/电政策等不同方法在解决中国能源贫困方面的有效性。笔者认为，书中最重要的优点之一在于使用了跨越多年的丰富数据集，这为作者的论点和结论增加了可信度。此外，该书成功地融入了能源贫困的各种观点和方面，涵盖了从定义和测量到不同政策在减缓能源贫困方面的作用。该书另一个有趣的方面是探讨包容性金融作为减轻能源贫困的手段的有效性。通过对2004—2019年省级数据集的分析，作者确定包容性金融的发展可以直接减轻能源贫困，同时通过能源转型和能源效率的提高间接促进减贫。这一讨论强调了考虑金融部门在解决能源贫困中的作用的重要性。

笔者还写过由林赛·永和埃里克·范德沃尔夫编辑的《海洋鸟类保护》的书评。这本书对海洋鸟类面临的挑战以及保护和恢复它们的种群所需的措施进行了全面深入的分析。它强调了在海洋鸟类保护中理解生态、政治和社会因素之间复杂相互作用的重要性。这本书清晰地分为两个部分：第一部分探讨了海洋鸟类面临的各种威胁，第二部分专注于应对这些威胁的策略和解决方案。笔者认为，这种清晰的结构有助于全面理解海洋鸟类面临的多方面问题，以及在不断增加的人为压力下确保其生存所需的措施。在第一部分中，作者详细分析了海洋鸟类种群面临的威胁，包括气候变化、污染、栖息地退化、渔业捕获和入侵物种。例如，在第 5 章中，作者深入分析了气候变化如何通过改变猎物分布、栖息地适宜性和繁殖成功率直接和间接影响海洋鸟类。本书的第二部分全面介绍了各种保护措施和策略，以保护和恢复海洋鸟类种群。作者讨论了从空间保护措施和栖息地恢复到政策和法律工具等各种方法。笔者认为，这本书的一个重要优势在于包含了来自世界各地的多元视角和案例研究。这种全球性的方法使读者能够理解海洋鸟类保护问题的复杂性和相互关联性，并从不同地区的经验和成功中汲取教训。

8. 专著

专著（Monographs）也称为著作，是一种深入研究特定主题的学术出版物，一般由单一作者撰写。专著是一个学术领域内对某一特定主题的深度研究成果。作者在撰写专著时，通常会从多个角度对主题进行全面的分析和阐述。这包括该主题的历史背景、理论框架、研究方法、研究成果及其意义等。与此同时，作者还可能引入自己的见解和理解，形成具有一定深度和原创性的学术观点。相对于期刊文章的篇幅限制和对特定问题的聚焦，专著更具全面性，更有深度。

专著的作者通常是其领域的专家或有丰富研究经验的学者。他们的学术地位和专业知识让他们有能力并且有资格对某一特定主题进行深入全面的研究。同时，他们的权威性也给他们的观点和分析带来了高度的可信度和影响力。专著的出版也经常经过同行评审的过程，这进一步确保了作者观点的权威性和专著的学术质量。

由于需要全面深入地讨论某一主题，专著的篇幅通常较长。一部专著可能会包含数百到数千页，这与专著的主题和学术领域有关。长篇幅使得作者有足够的空间去详细地介绍背景信息、阐述理论观点、分析数据，以及讨论研究结果。相对于期刊文章的快速出版，专著的撰写和出版周期通常较长。这不仅因为专著需要全面深入的研究，还因为作者需要组织大量的信息，构建清晰的结构，撰写精细的文本。尽管如此，长周期的撰写也使作者有更多的时间和机会去修正错误，完善论述，提高专著的质量。

由于其深度、全面和权威，专著常常被视为学术领域内的重要参考资料。它不仅可以为学者提供全面的研究背景和翔实的数据，还可以为他们提供有益的理论观点和研究方法。特别是对于新的研究者，专著的参考价值尤为重要，因为他们可以通过阅读专著快速地掌握某一主题的核心内容和主要观点。同时，由于专著的作者通常是该领域的专家，因此，他们的观点和见解也可能对其他学者的研究产生重要影响。

一个著名的专著例子是托马斯·库恩（Thomas Kuhn）的《科学革命的结构》（*The Structure of Scientific Revolutions*）。这本书对科学哲学以及我们理解科学进步的方式产生了深远影响。首次出版于 1962 年的《科学革命的结构》是库恩对科学发展模式的深度思考。在这本书中，库恩提出了"范式"和"范式转换"的概念，认为科学的发展并非线性递进，而是通过一系列的"正常科学"和"革命性科学"阶段交替进行。"正常科学"阶段，科学家们在一个共享的范式下进行研究；"革命性科学"阶段，新的观察和理论挑战现有范式，最终导致范式转换。

库恩的这本专著，以其深度和全面性，彻底改变了我们对科学进步的理解。在此之前，人们普遍认为科学是线性和累积的过程，即新知识和发现不断地积累在现有知识的基础上。然而，库恩的范式转换理论提出，科学并不总是平稳前行的，而是经历一系列的革命性变革，新的科学范式取代旧的范式，为科学的发展带来了根本性的改变。

此外，库恩的专著也对我们理解和评价科学研究有重要影响。在"正常科学"阶段，科学家们的研究往往被现有的科学范式所限制，他们的工作主要是填补这个范式中的细节，而不是挑战和改变这个范式。然而，在"革命性科学"阶段，新的理论和发现可能会颠覆现有的范式，从而开启新的科学研究领域。

阿尔伯特·爱因斯坦的专著《相对论：狭义和广义相对论》（*Relativity: the Special and General Theory*）是另一个著名的例子。在 1905 年，爱因斯坦首次提出了狭义相对论，而在 1915 年，他又推出了广义相对论。这两个理论改变了我们对时间、空间和引力的理解。爱因斯坦对这些理念的形象阐述和推广，使得大众能够接触到并理解这一深奥的理论。在 1920 年，爱因斯坦的专著《相对论：狭义和广义相对论》出版，这本书详细解释了他的狭义相对论和广义相对论。由于这本专著的内容深入浅出，无论是学者还是普通大众都能理解相对论的基本概念和原理。爱因斯坦用通俗易懂的语言描述了复杂的科学概念，使相对论变得更为生动和可接近。

这本专著在物理学领域产生了深远的影响。它推动了科学家们对宇宙的理解和研究，引导了一系列的科学实验，从而验证了相对论的预测，例如光的弯曲和时间膨胀。这些发现不仅使爱因斯坦的相对论得到了证实，也推动了物理学的发展，特别是量子力学和宇宙学的研究。此外，这本专著也对普通大众产生了影响。爱因斯坦的相对论成为现代科学的代表，被广泛接受和传播。他的理论和观念不仅改变了我们对物理世界的理解，也影响了我们对时间和空间的感知。

9. 学术文集

学术文集（Edited Books）通常是由一个或多个编辑组织，集结许多专家在特定主题或研究领域的文章或章节的一本书。即每一篇文章或章节都由不同的作者撰写，然后由编辑们负责整理并编译成的一本书。

与专著相比，学术文集的第一个主要特点是多元视角。在一本学术文集中，读者可以看到不同作者的关于同一主题的观点和见解。这种多元化的视角提供了一种独特的方式，让读者能够从多个角度理解和解析一个主题，有助于提供更全面和深入的讨论，而这在一本由单一作者撰写的书中是很难实现的。对于学术研究者来说，这种多元视角尤其有价值，因为它能够展示一个主题的多样性和复杂性，有助于理解主题的各个方面和维度。在具体的研究实践中，这可以促使读者对自己的假设和观念进行批判性的思考，或者激发出新的研究问题和方向。

学术文集的另一个重要特点是其深度和广度。在一本学术文集中，读者可以找到对特定主题的广泛讨论，以及对该主题各个方面的深入探讨。这既是因为每一章节都可以深入探讨主题的一个特定方面，也是因为整本书作为一个整体，可以提供一个关于主题的全面视图。深度和广度是学术研究的两个重要方面，而学术文集恰好能够在这两个方面满足读者的需求。读者可以在一本书中找到对特定主题的详细和全面的讨论，而无须翻阅大量单独的文章和研究报告。这可以大大节省读者的时间和精力，也能帮助读者更有效地掌握和理解主题。

编辑在学术文集中的角色是非常关键的。编辑负责整合各个章节，确保所有的内容都符合整本书的主题和目标。他们需要对每一篇文章进行仔细的审查，以确保其质量和相关性。此外，他们还可能需要与作者交流，提供反馈，甚至在必要时进行修改。编辑的工作并不容易，但是他们的贡献对于保证学术文集的质量和一致性是至关重要的。

一个学术文集的著名例子是《社会心理学手册》（ The Handbook of Social Psychology ）。该书自从 1954 年由加德纳·林德西（ Gardner Lindzey ）和埃略特·阿伦森（ Elliot Aronson ）首次编辑以来，就一直被视为社会心理学领域的重要参考工具。《社会心理学手册》是一个包含了大量文章的汇编，所有文章都由不同的专家撰写，且涵盖了社会心理学的众多主题，如态度和观点改变，群体动态，人际关系，偏见和刻板印象，以及社会影响和社会认知等。每一篇文章都深入探讨了其对应主题的研究历史、最新的理论观点，以及最具影响力的实证研究。

该书为社会心理学的各个主题提供了详尽而深入的阐述和总结。每一篇文章都是由在该主题上有深入研究的专家撰写，因此，它们能够为读者提供准确、全面而深入的信息和知识。此外，由于各篇文章涵盖了主题的历史和最新研究，读者可以通过阅读这些文章来全面了解社会心理学的发展和现状。

由于《社会心理学手册》包含了多位专家的观点和研究成果，因此它能够提供多元的视角，帮助读者理解和探讨社会心理学的各个方面。这种多元视角既能展示社会心理学的多样性，也能促使读者对自己的观点进行批判性的思考。

《社会心理学手册》不仅为读者提供了关于社会心理学的详细信息，也为读者提供了启发和指导。该手册中的每一篇文章都包含了对主题的深度思考和理论探讨，可以帮助读者理解和把握社会心理学的关键问题和挑战。此外，通过阅读这些文章，读者还可以获得新的研究想法和方法，从而更好地进行自己的研究。

第三章

文献案例拆解

本章旨在通过解读不同类型学术文献的例子，为读者提供对各类文献的认识和理解。为了方便阅读，这里选取了一系列中文文献作为例子。此外，为展示不同学科领域的差异性，笔者在此混合运用了文科和理科领域的例子，并特意选择了一些并不过于深奥的案例。

由于论文原文较长，本书的案例中仅摘录了摘要部分。若想阅读完整内容，请读者通过正规渠道获取原文。建议读者根据原文的内容逐一对照理解以下解析过程，以达到掌握阅读技巧的目的。

学位论文由于篇幅较长，在本章的案例分析中仅包括标题、摘要和目录的分析。引言部分的分析方法可参考综述论文，其余章节的分析方法可参考研究论文。

一、研究论文：《企业科研人员开放科研数据意愿影响因素研究》

叶丁菱，许鑫. 企业科研人员开放科研数据意愿影响因素研究[J]. 科学学研究，2023，41（6）：1066-1075.

标题：通过这篇研究论文的题目，读者可以简单推测表 3-1 中的四项信息。

表3-1　《企业科研人员开放科研数据意愿影响因素研究》标题中的四项信息

标题信息	具体内容
研究领域	这篇论文的研究领域主要在科研管理、企业管理和信息系统三个交叉领域。它涉及企业科研人员的行为，包括他们如何处理和分享自己的科研数据，以及决定这种行为的潜在影响因素。此外，它可能还涉及开放科研数据的优势和挑战，以及如何鼓励开放科研数据，如何管理开放的科研数据

续表

标题信息	具体内容
研究主题	这篇论文的主题是探讨影响企业科研人员开放科研数据意愿的因素。这可能涵盖科研人员对数据分享的态度，个人或组织的因素，如职业发展、数据所有权、数据安全和隐私问题，以及可能的激励和阻碍因素
研究方法	虽然论文标题没有明确说明研究方法，但常见的研究方法可能包括：①对企业科研人员进行问卷调查或访谈，了解他们对开放科研数据的态度，以及影响他们决策的因素；②进行文献回顾，对之前的相关研究进行系统性的分析和总结；③应用统计或机器学习方法来分析数据，识别影响开放科研数据意愿的关键因素
研究目标或结论	虽然论文标题没有提供具体的目标或结论，但这种类型的研究通常的目标可能包括：了解和识别影响企业科研人员开放科研数据意愿的关键因素，为企业和政策制定者提供策略建议，如何更有效地鼓励和管理开放科研数据。如果已经完成这项研究，论文的结论可能包括已识别的影响开放科研数据意愿的因素，以及针对这些因素的策略建议

期刊：《科学学研究》是一本优秀的中文学术杂志，现由中国科学学与科技政策研究会、中国科学院科技政策与管理科学研究所、清华大学科学技术与社会研究中心共同主办。其发表的文章质量上乘，屡获各大权威机构的高度评价，包括被列为中文核心期刊，以及被多家重要的论文数据库收录。这些荣誉不仅凸显了该杂志的学术地位，更直接反映了刊登在《科学学研究》上的论文质量普遍水平高。从理论研究到实证研究，从科技发展战略到知识管理，发表的论文大多展现了作者的深厚学术功底、丰富的科研视角以及创新性的理论观点，展现出较高的学术价值。

作者和发表时间：在书中不便对作者的信息进行评述，读者可自行查阅分析。该论文收稿于 2022 年 5 月，刊登在 2023 年 6 月。

在学术界，通常存在一定的时间滞后，因为学术出版需要一段时间，完成同行评审、修订和编辑等步骤。因此，从论文接收到最终出版的时间间隔来看，大约一年的时间是相对较常见的。

在一年的时间内，特定学术领域可能会有新的发展和突破。因此，如果这篇论文探讨的是一个快速发展的领域，可能会有一些新的研究成果或观点在论文发表之后出现。在这种情况下，这篇论文的时效性可能会受限。然而，需要注意的是，学术研究的时效性不仅取决于论文的发表时间，还取决于作者提出的问题和研究的深度。即使有一些新进展出现，这篇论文仍然可能对特定问题提供有价值的见解和分析。

摘要：企业科研人员掌握众多高价值数据，激励企业科研人员开放科研数据，利于释放企业科研数据潜力。本文基于技术接受模型和信息系统持续使用模型构建企业科研人员开放科研数据意愿模型，使用 PLS 结构方程模型对问卷数据和研究模型进行实证分析，采用社会网络分析法挖掘企业科研人员开放意愿的细节诱因。通过模型检验发现，感知科研数据质量、感知科研数据价值和开放科研数据接受度对开放科研数据意愿具有显著正向影响，企业科研人员学术年龄在开放科研数据接受度和开放科研数据意愿中具有正向调节作用。通过诱因挖掘发现，数据制度、数据隐私、数据版权、机构要求等对企业科研人员开放意愿具有重要作用。通过对企业科研人员开放科研数据意愿的影响机制分析，拓宽了企业数据的开发路径研究，也为促进产学研深度合作和融合创新提供了相关管理建议。

摘要：从摘要中可以得到表 3-2 中四项内容的信息。

表3-2　《企业科研人员开放科研数据意愿影响因素研究》摘要中的四项信息

摘要信息	具体内容
研究的目的和重要性	该研究的目的是探讨激励企业科研人员开放科研数据的意愿，并分析影响其意愿的因素和机制。这项研究可以推动企业科研数据的开放和共享，释放科研数据的潜力，促进产学研深度合作和融合创新。这对于提升科研成果的传播与应用，推动科学进步和商业发展具有重要意义
研究方法	该研究采用了技术接受模型和信息系统持续使用模型构建企业科研人员开放科研数据意愿模型。通过使用PLS（偏最小二乘）结构方程模型对问卷数据和研究模型进行实证分析，以验证模型的有效性和影响因素的关系。此外，还采用社会网络分析法挖掘企业科研人员开放意愿的细节诱因，进一步揭示了影响开放意愿的重要因素
主要发现或结果	研究发现，感知科研数据质量、感知科研数据价值和开放科研数据接受度对开放科研数据意愿具有显著正向影响。这意味着科研人员对数据的质量和价值的感知以及对开放数据的接受程度，会对他们开放科研数据意愿产生积极影响。另外，研究还发现，企业科研人员学术年龄在开放科研数据接受度和开放科研数据意愿中起到正向调节作用。这表明科研人员的学术经验和资历会对他们对开放科研数据的态度和意愿产生调节作用
结论或解释	基于研究的发现，可以得出结论，为了激励企业科研人员开放科研数据，需要关注以下方面：首先，提高科研数据的质量和价值，使科研人员更好地感知到数据的积极影响；其次，建立健全的数据制度，明确数据的隐私保护和版权规定，以消除科研人员对数据开放的担忧；最后，要考虑到机构要求和支持，为科研人员提供相应的支持和激励措施，以增强他们的开放意愿。这些管理建议有助于促进企业数据的开放，推动产学研深度合作，以及推动创新的融合与发展

关键词：科研数据；开放共享意愿；企业科研人员；接受度；学术年龄

关键词：关键词内容可能包含表 3-3 中的解释。

表3-3　《企业科研人员开放科研数据意愿影响因素研究》关键词中的信息

关键词信息	具体内容
科研数据	论文的研究对象是科研数据，即企业内部的高价值数据
开放共享意愿	研究的焦点是企业科研人员的开放共享意愿，即他们是否愿意将科研数据对外开放和分享
企业科研人员	研究的对象是企业内部的科研人员，即从事科研工作的员工
接受度	研究考虑了科研人员对开放科研数据的接受度，即他们对数据开放的程度持有的态度
学术年龄	研究发现学术年龄对科研人员的开放数据接受度和开放意愿产生正向调节作用，指的是科研人员的学术经验和资历

综合这些关键词，可以了解到，该论文研究了企业科研人员对于科研数据开放共享的意愿，考察了影响其意愿的因素，包括数据质量、数据价值和数据接受度，并发现学术年龄对意愿产生调节作用。

引言：该论文的引言和第一节"科研数据开放共享影响因素的相关研究"介绍了论文背景，简单概括了国内外的研究状况，明确了研究的目的。阅读后可知道表 3-4 中的五项内容。

表3-4　《企业科研人员开放科研数据意愿影响因素研究》引言中的五项内容

引言信息	具体内容
建立研究背景和语境	这篇论文研究的是企业科研人员开放科研数据的意愿，特别是它受到哪些因素的影响。引言开始于讨论数据的价值及其在社会经济发展中的重要性。作者提到，尽管企业内部包含大量高价值的科研数据，但企业开放这些数据的情况仍然不尽如人意。在国家政策文件等中，政府已经鼓励企业积极开放数据。因此，聚焦企业员工的科研数据和科研数据开放行为成为一个新的研究路径

引言信息	具体内容
明确研究的目的和问题	本研究的目的在于探索和分析影响企业员工开放科研数据意愿的因素，并构建一个模型来描述这些影响因素和开放数据意愿之间的关系。作者特别关注了员工对科研数据质量、数据价值的感知，对开放科研数据的接受程度，以及员工的学术年龄对这些因素的调节作用
阐述研究的重要性和意义	这个研究的意义在于，它可以揭示影响企业员工开放科研数据行为的机制，进而提供对于如何推动企业间的数据开放共享的参考。特别是在国家政策鼓励企业开放数据的大背景下，这项研究具有重要的实际意义
提出研究假设或预期结果	虽然引言部分没有明确提出研究假设，但可以推测，研究者可能预期：对科研数据的质量、价值的感知，以及对开放科研数据的接受程度都会影响企业员工的开放数据意愿，并且员工的学术年龄可能会对这些因素的影响产生调节作用
概述研究的设计和方法	虽然在引言部分并没有详细描述研究设计和方法，但根据所给的信息，研究者将构建一个影响模型来描述企业员工开放科研数据意愿的因素。并且，研究者将引用前人的研究，来构建和支持他们的模型。其中包括从制度、社会、技术和个人四个角度来探索企业科研人员开放科研数据意愿的影响机制

方法 / 实验 / 设计：该论文的方法分别通过"理论基础与研究假设"和"研究设计"两节进行描述。

在"理论基础与研究假设"中，作者提出了开放科研数据的一些重要假设，重点关注了以下几个方面：

感知开放科研数据的质量：作者提出，科研人员对开放科研数据的质量有一个清晰的认识，对于科研数据的接受程度和使用意愿有显著影响。也就是说，如果科研人员认为数据质量高，那么他们更可能接受并愿意使用这些数据。这导致了假设 H_1、H_2 和 H_3。

感知开放科研数据的价值：科研人员对于开放科研数据的价值的认知，包括对自身和他人的利益，也会影响他们对科研数据的接受程度和使用意愿。这点对应于假设 H_4 和 H_5。

企业科研人员对开放科研数据的接受程度：科研人员接受他人使用自己科研数据的程度，被视为开放科研数据的接受度，这也会影响他们对开放科研数据的意愿。这引出了假设 H_6。

企业科研人员的学术年龄：作者提出，科研人员的学术年龄（从其发表第一篇学术论文至今的时间长度）可能会对他们接受和使用开放科研数据的意愿产生调节作用。这构成了假设 H_7。

这些假设为作者后续的实证研究提供了理论依据，并有助于理解开放科研数据的重要性，有助于提高科研人员对开放科研数据的接受程度和使用意愿。

在"研究设计"这一节中，作者详细阐述了如何设计和进行关于企业科研人员开放科研数据意愿影响因素的研究。

首先，作者提及他们的数据来源是 Springer Nature（施普林格·自然）和 Digital Science（数字科学）发布的"2021 年开放科研数据调查问卷"。该问卷旨在研究调查对象对开放数据的态度、意愿、行为和使用情况等。这项研究的样本为工作单位在企业，且过去五年内发表过论文的科研人员。这是因为这些科研人员最有可能拥有可供开放的科研数据。

作者然后解释了如何从问卷中提取数据，他们关注的是表征感知质量、感知价值、接受度、开放意愿、学术年龄，以及蕴含制度、社会、技术与个人因素的题项。在提取出来的问卷中，他们对数据进行了检查和清洗，剔除了一部分显示错误和数据缺失过多的问卷。对于含有缺失值的题项，如果缺失值小于5%，则采用均值填补法补充数据。

在开放意愿诱因挖掘的部分，作者使用了Gephi软件来挖掘影响企业科研人员开放共享科研数据意愿的主体诱因，并建立了激励和制约要素间的影响网络。这是为了更深入地分析影响企业科研人员开放科研数据意愿的各个因素。

结果和讨论： 在论文的"数据分析与研究结果"中，作者详细解释了他们的分析方法和研究发现。以下是一些主要的点：

· 信效度分析：作者使用SPSS和SmartPLS工具进行了信度和效度分析，证实了问卷的信度和效度。

· 研究假设检验：通过SmartPLS对研究模型进行验证，所有的研究假设都通过了显著性检验。其中，感知科研数据质量、感知科研数据价值、开放科研数据接受度等变量对开放科研数据意愿产生了显著影响。此外，科研人员的学术年龄也对开放科研数据接受度和开放科研数据意愿产生了显著影响。

· 稳健性分析：通过逐步回归分析，作者发现企业科研人员的学术年龄对开放科研数据接受度和开放科研数据意愿产生了积极的影响。

· 开放数据意愿诱因分析：利用Gephi工具，作者分析了影响企业科研人员开放科研数据意愿的激励和顾虑因素。作者发现，规范的数据引用、数据带来的研究论文引用、科研合作、数据敏感信息的授权、数据滥用等都是关键因素。

作者建议，为提高企业科研人员的开放科研数据意愿，应注重提高开放科研数据的学术影响力，加强对开放科研数据的保护，安全处理数据隐私信息，规范管理数据引用制度，明确界定数据版权等问题。

结论： 在"研究结论和发展建议"中，作者主要提出了以下几点结论和建议：

（1）结论

a. 企业科研人员开放科研数据的意愿受到感知质量、感知价值和接受度的积极影响。

b. 科研人员的学术年龄对开放科研数据接受度和意愿具有显著正向调节作用。

c. 数据引用、论文引用、论文合作、公共利益、出版机构要求等因素能激励科研人员开放数据，而数据滥用、敏感信息认可、数据版权等因素可能会妨碍开放数据的意愿。

（2）发展建议

a. 完善数据保护和保障数据质量：明确科研数据所有权，注重隐私和敏感信息的规范处理，保障数据安全，以此促进科研数据的准确和完整提交，可靠和权威评审，详细和明晰的展示，规范和有效的引用。

b. 增强数据氛围，实现数据价值：利用产学研合作，普及和宣传开放科研数据的意义和价值，同时在科技项目申请过程中积极推广开放科研数据，倡导非敏感、非机密、非涉及国家安全的科研数据提交和开放。

c. 强化数据政策，触发职业认可：建立明晰的知识产权、隐私和敏感信息保护、数据使用许可、数据协定等法律法规政策，提升数据实质性影响力和地位，将其纳入企业科研人员绩效评价和职业晋升标准之中，提升出版机构和资助机构要求提交论文和开放论文相关科研数据的积极性。

d. 建立数据平台，扩充参与路径：鼓励企业搭建科研数据共享平台，探索数据免费开放模式或者数据交易模式，释放企业数据潜力和价值，深化产学研合作机制，增设数据讨论区，促进科研数据交流。

参考文献：通过对参考文献的阅览，可以发现文献 [1]、[9] 和 [22] 均是来自中国的研究，分别讨论了企业研发数据治理和科研数据共享模式，为理解中国科研人员对开放数据的态度提供了背景资料。

文献 [2] ~ [8] 都是关于科研数据共享的国际性研究，分析了各种影响科研人员开放数据意愿的因素，如个人因素、机构因素和社会因素等。

文献 [10]、[11]、[15] 和 [16] 分别探讨了数据共享的企业策略、数据治理、知识共享平台的使用意图及在自然资源合作中的数据共享难题，这些都为理解影响科研人员开放数据意愿的具体因素提供思考的方向。

文献 [12]、[14]、[20]、[21] 是理论性研究，提供了研究信息技术接受度、信息系统持续使用意图、测量结构效度及使用偏最小二乘结构方程模型（PLS-SEM）的理论框架，这些都是在研究科研人员开放数据意愿时可能会使用的研究方法和理论。

文献 [13]、[17] 和 [18] 是对科研人员数据再利用行为、数据引用实践以及科研人员的学术年龄特征等方面的研究，这些因素可能会影响科研人员的数据开放意愿。

文献 [19]、[23] 和 [24] 则是对开放数据的现状和具体实践的调查和平台，这些资源可以为研究提供数据和实证支持。

这些参考文献为论文主题提供了丰富的理论和实证背景，涵盖了个人、机构、社会以及理论和实践等各个层面的影响因素。

二、综述论文：《机器学习在设计高性能锂电池正极材料与电解质中的应用》

由于中文学术期刊发展的差异性，综述论文的类型多为普通综述，因此此处的文献案例选择了中文 SCI 期刊《化学进展》中的一篇论文。

刘振东，潘嘉杰，刘全兵. 机器学习在设计高性能锂电池正极材料与电解质中的应用 [J]. 化学进展，2023，35（4）：577-592

标题：通过这篇综述论文的题目可以简单推测，该综述可能主要探讨以下 4 个主题：

（1）机器学习（ML）的基础知识和应用：论文可能首先简介 ML 的一些基本概念和方法，以及它在各种科学和工程领域的应用。

（2）锂电池的设计和性能优化：标题提到的"高性能锂电池"表明，这篇论文将涉及锂电池的设计和性能优化问题。这可能包括对锂电池工作原理的解释，以及正极材料和电解质在其性能中的作用。

（3）ML 在锂电池设计中的具体应用：论文的主要部分可能专注于如何利用 ML 技术来设计和优化锂电池的正极材料和电解质。这可能包括使用 ML 进行材料选择、性能预测、参数优化等。作者可能会详细介绍一些成功的案例，以展示这种方法的有效性。

（4）挑战与未来的发展：最后，论文可能会讨论在使用 ML 进行锂电池设计时遇到的挑战，以及解决这些挑战的潜在方法。作者可能还会探讨这个领域未来的研究方向和潜在的发展趋势。

期刊：《化学进展》是由中国科学院基础科学局、化学部、文献情报中心和国家自然科学基金委员会化学科学部共同主办的月刊，是国内基础化学研究领域唯一的综述性学术期刊。《化学进展》的影响力得到了广泛认可。自 2001 年起，它已被 SCI 全文收录。此外，它还被美国化学文摘、Scopus 数据库、中国核心期刊要目总览、中国科技论文与引文数据库（CSTPCD）、中国科学引文数据库（CSCD）等重要数据库收录。《化学进展》作为一本优秀的综述型期刊，刊登的论文具有极高的质量和广泛的影响力。期刊汇集了国内外优秀的化学研究成果，有助于读者深入了解该领域最新研究动向和发展趋势。

作者和发表时间：在书中不便对作者的信息进行评述，读者可自行查阅分析。该论文收稿于 2022 年 10 月，网络出版于 2023 年 2 月。考虑到学术出版的复杂流程和审稿周期，这个周期显示出了高效的编辑和出版过程。

这个周期的相对短暂对于综述型论文来说尤为重要。由于该类型的论文旨在提供对领域研究进展的全面概述，时间的敏感性尤为重要。较长的出版周期可能导致论文内容过时，无法涵盖最新的研究成果和发展趋势，从而影响到读者对该领域最新进展的了解。因此，这个相对较短的周期保证了该综述型论文能够及时关注有效的领域研究进展，并提供具有实质性和现实意义的综合性内容。读者可以从该论文深入了解该领域最新研究进展，从而更好地把握该领域的发展趋势和研究热点。

摘要：随着大数据和人工智能的发展及机器学习（ML）与化学学科领域的交叉，ML 技术与电池领域的结合激发了更有前途的电池开发方法，尤其在电池材料设计、性能预测、结构优化等方面的应用愈加广泛。应用 ML 可以有效地加速电池材料的筛选进程并预测锂电池（LBs）的性能，从而推动 LBs 的发展。本文首先简要介绍了 ML 的基本思想及其在 LBs 领域中几种重要的 ML 算法，之后讨论了传统模拟计算方法与 ML 方法各自的误差表现及分析，借此来提高 LBs 专家对 ML 方法的理解。其次，重点介绍了 ML 在电池材料实际开发中的应用，包括正极材料、电解质、材料多尺度模拟及高通量实验（HTE）等方面，借此介绍 ML 方法在电池领域应用的思想和手段。最后，总结了 ML 方法在锂电池领域中的研究现状并展望了其应用前景。本综述旨在阐明 ML 在 LBs 开发中的应用，并为先进 LBs 的研究提供借鉴。

关键词：锂电池；机器学习；材料筛选；材料设计；性能预测

摘要和关键词： 通过摘要读者知道，这篇综述将深入探讨 ML 在设计高性能锂电池正极材料和电解质中的应用。读者可以期待在论文中了解到以下内容：

（1）ML 的基本思想和重要算法：论文将首先为读者解释 ML 的基本原理，并介绍在锂电池领域中常用的几种 ML 算法。

（2）ML 方法与传统模拟计算方法的比较：文章会详细讨论传统模拟计算方法和 ML 方法在误差表现和分析方面的区别，以增强锂电池专家对 ML 方法的理解。

（3）ML 在电池材料开发中的应用实例：论文将重点介绍 ML 在电池材料设计、性能预测、结构优化等方面的实际应用，特别是在正极材料、电解质、材料多尺度模拟和高通量实验等领域的具体应用案例。

（4）ML 在锂电池领域的研究现状和前景：综述最后将总结当前 ML 在锂电池领域的研究现状，并展望其未来的应用前景。

通过这篇综述，读者能够全面了解 ML 在锂电池设计和优化中的应用，并对其在未来电池技术研究中的应用潜力有所认识。

引言：在引言中，读者可以了解到写作这篇综述的必要性和重要性。

（1）应对能源需求：新能源汽车的快速发展和高能量密度电子器件的普及带来了对高性能锂电池的强烈需求。人们期望新型锂电池具有更高的能量密度、功率密度，更长的循环寿命和更高的安全性。这篇综述提供了一种新的视角和方法，即通过 ML 对电池材料进行优化和新材料的开发，以满足这些需求。

（2）大数据时代的研究方法：在大数据时代，科学研究已经从基于归纳和演绎的方式转变为基于计算模拟的方法。通过诸如密度泛函理论和分子动力学等计算模拟方法，科研人员可以更加直观和准确地探索和理解复杂的材料系统。

（3）ML 的优势：ML 的应用为电池材料的设计和优化提供了一种更有效的策略。相比于传统的实验和理论计算方法，ML 可以更有效地处理大量的实验和理论数据，从中发现和预测材料的性质和性能，从而大大提高了研究的效率和精度。

（4）填充研究空白：尽管 ML 在许多科研领域得到了广泛的应用，但在锂电池材料设计中的应用还相对较少。这篇综述将填补这一空白，为科研人员提供一个全面而深入的研究视角。

作者将正文分成了三部分，分别是"ML 基本思想""ML 算法"和"锂电池材料设计与优化中的应用"。通过这三部分的内容，读者可以了解到整篇综述的细节，具体如表 3-5 所示。

表3-5　《机器学习在设计高性能锂电池正极材料与电解质中的应用》
正文中的主要内容

正文	具体内容
ML基本思想	这一部分阐述了ML在材料科学中的应用及其核心概念。ML过程模拟了人类学习的过程，通过大量数据学习并建立模型，以识别和预测新的信息。ML过程包括数据收集、特征提取、模型构建和模型应用。其中，数据集的质量和数量对建立正确的ML模型至关重要。文中还强调了描述符在ML中的重要性。符是ML模型的输入变量，决定了模型效率和最终结果。描述符的选择和转换是一个重要环节，需将材料的特性、属性转化成计算机可以理解的数字向量。同时，ML与传统计算模拟方法相辅相成，可以帮助研究人员理解并分析影响模型输出的关键因素，以优化模型并改进预测结果。在实践中，基于ML的方法已经在诸如高熵合金设计等领域取得了成功，证明了其强大的数据处理能力和在材料科学中的巨大潜力
ML算法	这一部分深入介绍了监督学习和非监督学习两类常见的ML算法，并给出了一些常用算法的详细解释和应用场景。在监督学习中，线性回归是一种用于建立输入和连续输出之间线性关系的算法，而K-最近邻则通过相似特性将数据进行分类。支持向量机是一种寻找最佳超平面的算法，可以有效地解决非线性问题。在非监督学习中，K-均值聚类和层次聚类是常用的算法，用于发现数据集中的隐藏结构。这一部分还讨论了常用算法的优势和不足。人工神经网络能够模拟复杂非线性关系，但需要大量参数和较长的训练时间。K-最近邻适用于多类别分类，但计算复杂。支持向量机在处理复杂问题方面表现出色。线性回归是最简单的模型之一，但在处理复杂非线性关系时作用有限。此外，文章还提到了误差分析的重要性。通过评估模型性能和度量误差，可以调整模型参数和优化算法，提高预测准确性。这节对ML算法的分类、应用和性能评估进行了详细介绍，强调了不同算法的优势和适用性。这对于在锂电池研发中选择合适的算法、提高预测准确性和加速材料设计过程具有重要意义

正文	具体内容
锂电池材料设计与优化中的应用	这一部分强调了ML在锂电池材料设计和优化中的关键应用。首先，这部分内容提到了ML方法在材料特性预测中的准确性和高效性优势，尤其是与传统的材料特性预测方法相比。通过选择合适的ML算法和构建样本数据集，可以实现对电解质离子传输特性和电池材料特性（如离子电导率和机械性能）的准确预测。 在固态电解质方面，ML为离子传输特性的研究提供了更方便、快捷的方法。通过与计算数据相结合，人们发现了具有低离子电导率的新型固态电解质材料，并加速了对先进固态电解质的研究和开发。类似地，通过神经网络等ML方法，预测出具有高离子电导率的潜在化合物，显著减少了人为筛选的烦琐过程。对于液态电解质，ML在理解溶剂结构和液体传输特性方面也发挥着重要作用。将未知电解质成分的光谱特征与已知成分进行匹配，可以快速准确地确定电解质中主要成分的浓度。此外，ML方法还可用于构建液体电解质的模拟模型，预测其性质，提供更准确可靠的方法。 在材料模拟方面，ML与高通量计算的结合为加速材料设计和模拟提供了新的途径。通过开发新的ML方法，降低了获取体系能量和力等信息的计算成本，并实现了对大型系统的高精度模拟。此外，ML方法还可以分析模拟数据结果，提供有关材料特性和功能的深入理解。 最后，高通量计算与ML的结合使自动化实验设计、在线表征和实验数据分析变得更加快速和高效。通过自动化平台进行大规模的并行实验，加速了电池材料的发现与开发。然而，建立先进的自动化平台仍然面临挑战，需要强大的硬件和软件支持

结论：在"结论与展望"中总结了将 ML 应用于电池及材料研究的现状和前景，并提出了相关领域面临的挑战和解决的方案。

数据驱动的科学阶段：材料研究正逐渐进入数据驱动的科学阶段，将 ML 应用于电池及材料研究已受到广泛重视。ML 在理论方面能够促进高效力场的发展，提供高效快速的材料模拟和模型构建方法；在实践方面，利用实验和计算方法产生的海量数据，ML 能够有效构建材料结构和能量特性之间的相互关系。

潜力和前景：将 ML 应用于电池材料研究具有巨大的潜力和前景。它已成为预测材料特性、筛选材料和优化材料设计的重要手段，为高效材料设计提供了巨大动力，同时为储能技术研究提供了快速且准确的方法，有望克服电池优化的主要难点。

面临的挑战：尽管在 ML 与电池材料领域的结合取得了巨大进展，但将其完全应用于先进电池开发仍面临较大挑战。主要原因是缺乏完善的供电池材料研究人员使用的 ML 交互工具，这就需要投入更多专业人员，加速开发出更通用的可交互平台。此外，数据集的离散性也是应用数据驱动方法的主要障碍，缺乏统一的标准化电池材料数据限制了 ML 模型的挖掘潜力，也导致许多数据特性被忽视。因此，建立统一基准的数据库是必要的。

数据驱动的材料科学研究：数据驱动的材料科学研究是一个充满无限可能的新方向。数据作为第四种科研范式，带来了全新的研究视角。随着高通量实验和 ML 的不断完善和发展，通过现代 HTE 平台对化学空间进行有效探索，实现自动化的合成与表征，并为机器学习提供大量高质量数据。经过 ML 的分析和探索，将数据反馈到数据库中，可以进一步提高数据质量，这个具有自我强化功能的流程相当于一台高效的计算机，为材料科学提供新的思路和研究方法。

三、会议论文：《基于 PMC 指数模型的双碳政策量化评价》

王志宏，郑佩佩. 基于 PMC 指数模型的双碳政策量化评价[C]//中国环境科学学会. 中国环境科学学会2023年科学技术年会论文集（一），2023：246-254.

标题：通过这篇会议论文的题目，可以简单推测表 3-6 中的四项信息。

表3-6　《基于PMC指数模型的双碳政策量化评价》标题中的四项信息

标题信息	具体内容
研究领域	该论文应该是集中在环境经济学、能源政策、可持续发展以及统计建模这几个领域。双碳政策，即"碳达峰、碳中和"的政策，是全球范围内的重要议题，主要关注如何通过技术和政策手段减少温室气体排放以达到应对气候变化的目标。PMC指数模型是一种统计模型，应该是用来量化和评估这些政策的影响
研究主题	这篇论文的主题是对双碳政策进行量化评价，具体是通过PMC指数模型，以科学的方法进行实证研究，对双碳政策的有效性和影响进行分析和评价
研究方法	这篇论文采用的是PMC指数模型。PMC指数模型是一种数学模型，通常用于处理复杂的数据集并从中提取有意义的信息。在这个研究中，它可能被用于分析双碳政策对环境、社会和经济等方面的具体影响，以及这些政策如何推动碳排放达到峰值，然后逐步减少
研究目标或结论	虽然没有论文的详细内容，但我们可以推测，该研究的目标可能是为政策制定者和研究者提供关于双碳政策影响的量化数据和深入理解，以便更好地制定和执行这些政策。结论可能会包括双碳政策的优点、缺点，以及这些政策对环境、社会和经济等多个方面产生的具体影响。此外，论文可能会提出一些改进现有政策或提高其效果的建议

会议：中国环境科学学会科学技术年会是中国生态环境科技界一年一度的会议，与会者一般为我国生态环境各行业的专家、学者和优秀企业代表。作为中国环境科学学会年会的论文集，其中刊登的内容应有一定价值。

摘要：评价双碳政策、识别政策缺失与不足并提出完善策略，对于完善双碳政策体系、促进双碳政策稳步推进具有重要的理论与现实意义。本文基于文本挖掘与 PMC 指数模型，以双碳政策文本为分析对象，设计双碳政策评价指标体系，定量评价双碳政策，绘制 PMC 曲面图和戴布拉图，识别双碳政策的优势与短板并提出应对措施。

摘要：从摘要中可以得到表 3-7 中四项内容的信息。

表3-7　《基于PMC指数模型的双碳政策量化评价》摘要中四项内容的信息

摘要信息	具体内容
研究的目的和重要性	本研究的目的是评价双碳政策并提出改进策略。这对于完善双碳政策体系、推进双碳政策的稳步推进具有重要的理论和现实意义
研究方法	本文采用文本挖掘和PMC指数模型作为研究方法。文本挖掘用于分析双碳政策文本，设计评价指标体系；PMC指数模型用于定量评价双碳政策，并绘制PMC曲面图和戴布拉图
主要发现或结果	研究发现双碳政策的优势和短板，并提出应对措施。具体的发现和结果在摘要中没有提及，需要详细阅读全文以了解具体内容
结论或解释	根据研究的结果，作者可以得出关于双碳政策的结论或解释。由于摘要中没有具体提及，需要详细阅读全文以获取结论或解释的信息

关键词：碳达峰碳中和；文本挖掘；PMC；指数模型

关键词：关键词内容可能包含表 3-8 中的解释。

表3-8 《基于PMC指数模型的双碳政策量化评价》关键词中的解释

关键词信息	具体内容
碳达峰碳中和	文章可能关注双碳政策中的碳达峰和碳中和目标。研究可能探讨如何定量评价政策在实现碳达峰和碳中和方面的效果
文本挖掘	文本挖掘可能是研究中的一种方法或技术工具。文章可能使用文本挖掘技术来分析双碳政策文本，提取关键信息，以支持对政策的评价和分析
PMC	PMC指数模型可能是文章中应用的一种定量评价模型。该模型可能被用于量化评价双碳政策的效果，并提供了一种可视化的评估工具，如PMC曲面图和戴布拉图
指数模型	指数模型可能是PMC指数模型的一部分，用于构建评价指标体系并量化评价双碳政策的效果。指数模型可能帮助分析双碳政策在不同领域或指标下的表现和优劣

综合这些关键词，文章可能主要关注基于 PMC 指数模型的双碳政策量化评价，包括使用文本挖掘分析政策文本、构建评价指标体系，以及应用 PMC 指数模型进行定量评价。重点可能在于评估双碳政策实现碳达峰和碳中和目标的效果，并提供改进策略。

引言：该论文的引言是对于会议论文背景的介绍，阅读后可知道表 3-9 中的五项内容。

表3-9 《基于PMC指数模型的双碳政策量化评价》引言中的五项内容

引言信息	具体内容
建立研究背景和语境	碳达峰和碳中和是绿色发展的必由之路，但对相关政策的科学有效评价和优化调整在我国学术界关注不足
明确研究的目的和问题	本研究旨在采用PMC指数模型和文本挖掘方法，构建碳达峰和碳中和政策评价体系，并为下一步的政策制定提供理论依据和可量化的评价方法

引言信息	具体内容
阐述研究的重要性和意义	相较于其他量化模型，PMC指数模型聚焦于政策本身，不仅能评价单一政策，还能分析比较大规模的政策，提出更科学有效的改进方法
提出研究假设或预期结果	基于PMC指数模型和文本挖掘方法，预期能对碳达峰和碳中和政策进行整体评价，提出完善建议
概述研究的设计和方法	研究包括收集与预处理碳达峰和碳中和政策，运用文本挖掘法提取高频词并生成共词矩阵表和关键词共现网络图，结合文献研究法构建双碳政策的PMC指数模型，选取有代表性的政策进行实证分析研究，并绘制PMC曲面图和戴布拉图，最终对双碳政策进行整体评价并提出改进建议

方法／实验／设计：该论文的方法通过"双碳 PMC 指数模型构建"进行描述。

该部分主要介绍了基于 PMC 指数模型的双碳政策量化评价方法。该方法通过收集、预处理和筛选与碳达峰、碳中和相关的政策文件，并利用文本挖掘和内容分析技术识别关键词，构建核心关键词共现网络。在选取一级和二级变量的基础上，使用二进制法对变量进行参数设定，并构建多投入产出表来存储数据。随后，利用设定的参数计算二级变量和一级变量的数值，并根据计算结果计算 PMC 指数，最后根据 PMC 指数的等级划分将政策进行评估。此外，还介绍了如何通过绘制 PMC 曲面图来直观展示各项政策的优势和劣势。通过该双碳 PMC 指数模型，可以对双碳政策进行量化评价，为政策制定和改进提供参考和决策支持。

结果和讨论：在论文的"双碳政策实证分析"中，作者详细解释了他们的研究发现。

该部分介绍了基于 PMC 指数模型对双碳政策进行实证分析的过程。作者选择了 7 项具有代表性的政策进行研究。这些政策包括国家发文机构发布的涵盖工业、循环经济、城乡建设等领域的政策。计算这些政策的 PMC 指数，并根据指定的等级评分表，对这些政策进行等级划分。

通过计算 PMC 指数并绘制曲面图，对 7 项双碳政策进行排序和评价。根据计算结果和等级划分，这些政策被划分为可接受和优秀两种等级。总体来说，这 7 项政策的 PMC 指数均值为 5.97，处于优秀水平。对各个一级变量的均值进行分析，可以看出双碳政策在不同方面表现出一定的优势和改进空间。

结论：在"结论与启示"中，作者主要提出了以下几点结论和建议：

结论：双碳政策在政策时效、政策性质、政策评价、扩散程度、政策保障、政策内容和效力级别等方面得分较高，显示出较大优势。然而，作用领域和政策目标等方面仍存在改进空间。以下是存在的问题及相关对策：

（1）缺乏科学的预测和有效的监管：在 7 项政策中，监管方面严重缺失，导致政策缺乏有效性和合理性。未来的政策制定应引入多元化的监督机制，吸纳各方意见，并拓宽反馈机制。

（2）作用领域单一、不够全面：尽管某些政策得分较高，但在作用领域方面仍存在未涉及的领域。未来的政策应在注重经济效应的同时，加强对政治制度等领域的关注。

（3）政策内容综合性不足：大多数政策涉及组织建设、绿色能源、资源利用效率等内容，但缺乏绿色公共服务平台、改造末端设施、数字化绿色发展等关键内容。在未来的政策制定中，应更全面地考虑不同的政策内容。

综上所述，PMC 指数模型为双碳政策的量化评价提供了新的视角和思路，并形成了具有不同特点的评价指标体系。该模型科学有效地量化了双碳政策的每个变量，并通过 PMC 曲面图和戴布拉图进行直观比较。相较于主观性较强的专家打分法，PMC 指数模型更具客观性。由于指标数量没有限制，因此 PMC 指数模型能更全面地覆盖每个变量，使政策的量化评价更合理。

四、学位论文：《基于三氧化二砷的全细胞疫苗激活抗肿瘤免疫应答的机制研究》

陈锦锋. 基于三氧化二砷的全细胞疫苗激活抗肿瘤免疫应答的机制研究 [D]. 北京协和医学院，2022.

标题：通过这篇学位论文的题目，可以简单推测表 3-10 中的四项信息。

表3-10　《基于三氧化二砷的全细胞疫苗激活抗肿瘤免疫应答的机制研究》标题中的四项信息

标题信息	具体内容
研究领域	该论文的研究领域是肿瘤免疫学，重点关注基于三氧化二砷的全细胞疫苗在激活抗肿瘤免疫应答方面的机制
研究主题	该论文的主题是探究基于三氧化二砷的全细胞疫苗如何激活抗肿瘤免疫应答的机制。这意味着研究人员将研究三氧化二砷作为一种潜在的疫苗成分，研究其如何影响免疫系统对肿瘤细胞的应答，以期进一步了解肿瘤免疫治疗的机制和潜在应用

续表

标题信息	具体内容
研究方法	研究方法可能包括以下方面：细胞培养和细胞系；三氧化二砷处理；免疫学分析；分子生物学方法；动物模型
研究目标或结论	研究的目标是揭示基于三氧化二砷的全细胞疫苗如何激活抗肿瘤免疫应答的机制。具体而言，作者可能会探究三氧化二砷处理对肿瘤细胞的免疫原性影响、细胞因子的调节、T细胞活化和增殖等方面的机制。研究的结论可能涉及三氧化二砷在免疫治疗中的潜在应用，以及对于理解肿瘤免疫治疗机制的贡献

摘要：学位论文的摘要较长，因此不在本书中摘抄。从摘要中可以得到表 3-11 中的四项内容。

表3-11 《基于三氧化二砷的全细胞疫苗激活抗肿瘤免疫应答的机制研究》摘要中的四项内容

摘要信息	具体内容
研究的目的和重要性	这项研究旨在解决肿瘤疫苗临床效果不佳的问题，并探索基于三氧化二砷的全细胞肿瘤疫苗制备方法，以提高肿瘤疫苗的免疫原性。癌症是一种严重威胁人类健康的疾病，而肿瘤疫苗的开发和改进对于提高治疗效果，延长患者生存期，改善生活质量具有重要意义。三氧化二砷虽在体外具有抗肿瘤活性，但其体内靶向性低、毒副作用明显，临床应用受限。本研究对三氧化二砷的肿瘤疫苗潜力的研究，可能为改善三氧化二砷的临床应用提供新的思路和策略
研究方法	该研究主要使用体内、体外实验和基因编辑技术。首先，研究人员对三氧化二砷制备的全细胞肿瘤疫苗的免疫原性进行了评估，然后在体内验证了三氧化二砷预防性疫苗的效果。通过使用CRISPR/CAS9构建的肿瘤细胞克隆，探究了不同细胞死亡途径对肿瘤细胞免疫原性的影响和调控机制。同时，也在动物模型中验证了三氧化二砷处理的肿瘤细胞对肿瘤生长的影响

摘要信息	具体内容
主要发现或结果	三氧化二砷制备的全细胞肿瘤疫苗展现出了强大的免疫原性，能够显著诱导多种危险信号分子的释放，激活特异性免疫应答。三氧化二砷也能诱导肿瘤细胞产生大量的活性氧，激活多种细胞死亡通路。研究发现，ACSL4、RIP3、MLKL这几个蛋白在三氧化二砷诱导的肿瘤细胞免疫原性中起着关键作用。三氧化二砷处理的肿瘤细胞能显著抑制肿瘤增长，且这个过程依赖于干扰素途径，以及肿瘤细胞中ACSL4、RIP3、MLKL的完整性
结论或解释	三氧化二砷能够激活肿瘤细胞多种死亡通路，并通过引发细胞死亡产生的多种信号，强烈激活免疫应答，特别是特异性T细胞应答。三氧化二砷处理的肿瘤细胞作为疫苗，既能预防肿瘤，也能治疗已存在的肿瘤，而且这种效果可以通过PD-1阻断剂进一步提高。基于三氧化二砷的肿瘤细胞疫苗的开发，提供了一种新的、有效的抗肿瘤策略，尤其是在肿瘤的早期阶段，可以有效地促进免疫细胞的浸润，并抑制肿瘤的生长

目录：通过学位论文的目录，可以大致了解论文中的主要内容，如表 3-12 所示。

表3-12　《基于三氧化二砷的全细胞疫苗激活抗肿瘤免疫应答的机制研究》目录中的主要内容

目录信息	具体内容
第一章 引言	第一章可能包含了关于肿瘤基本特征、常规治疗策略、肿瘤疫苗的进展及关于免疫原性细胞死亡与肿瘤免疫调控的背景信息。此外，它也可能包括砷剂在肿瘤治疗中的应用进展及本研究的具体目标和重要性
第二章 实验材料和方法	这一章详述了本研究所使用的实验材料和方法，包括但不限于细胞系、小鼠、引物、质粒、抗体信息、试剂及主要仪器与耗材等，同时详细描述了每个步骤的实验流程
第三章 结果与分析	这一章可能涵盖了本研究的所有实验结果，包括三氧化二砷在肿瘤治疗中的效果、三氧化二砷如何引发活性氧生成并激活多种细胞应激和死亡方式等。此外，它还可能包括对实验结果的深入分析和解释

续表

目录信息	具体内容
第四章 结论与展望	这一章总结了研究结果并给出了相应的结论。同时，它可能还包括对未来研究的展望和可能的研究方向
第五章 综述	这一章可能是对相关领域的文献综述，提供了广泛的背景知识和理论支持
第六章 附录中英文缩略表	这一章提供了论文中使用的中英文缩略词的详细列表和解释
作者简历及研究成果	最后一部分可能包括了作者的简历，以及他们在这个研究领域中的其他成果和贡献

从目录中可以看出，作者将所有的实验部分归于同一章，因此读者若是需要查询相应的技术和方法，可以去第二章查看。第三章是所有的结果和分析，读者若是想要了解论文的研究结果的细节，以及不同技术和方法得出的结论，可以在这一章中获得。

这篇学位论文是医学专业，根据惯例在研究结果的后面会额外有一章综述，方便读者在了解研究成果后进一步扩展这个领域的相应知识。

由于医学研究有较多的专业术语和缩写词，因此作者专门添加了一章附录，方便读者查询相应的中英文缩略表。

五、学位论文：《大学生手机依赖对学业拖延的影响：负性情绪的中介作用及干预研究》

卞秀雯．大学生手机依赖对学业拖延的影响：负性情绪的中介作用及干预研究 [D]．上海师范大学，2023．

标题： 通过这篇学位论文的题目，可以简单推测表 3-13 中的四项信息。

表3-13　《大学生手机依赖对学业拖延的影响：负性情绪的中介作用及干预研究》标题中的四项信息

标题信息	具体内容
研究领域	这个研究可能属于心理学领域，特别是教育心理学、社会心理学或者健康心理学，因为它涉及了学习行为（学业拖延）、电子设备使用行为（手机依赖）、情绪状态（负性情绪）以及干预研究
研究主题	这个研究的主题是探讨大学生的手机依赖对其学业拖延的影响，以及负性情绪在这个过程中的中介作用。此外，该研究还会探讨如何进行干预
研究方法	考虑到研究的主题，可能的研究方法包括问卷调查、观察、访谈等。问卷可能包括评估学生的手机使用行为、学业拖延程度以及负性情绪的状态。观察和访谈可以提供更深入的数据和个人的经验。研究人员可能也会实施一个或多个干预策略，以探究其有效性，这可能涉及实验设计
研究目标或结论	研究的目标可能是理解手机依赖如何影响学生的学业拖延，以及负性情绪如何在这个过程中发挥中介作用。然后，研究人员可能会提出有效的干预策略来减轻学生的手机依赖，减轻其负性情绪，并降低学业拖延的程度。至于具体的结论，我们无法从标题中直接推断，因为它取决于研究的具体结果

摘要：学位论文的摘要较长，因此不在本书中摘抄。从摘要中可以得到表 3-14 中四项内容的信息。

表3-14　《大学生手机依赖对学业拖延的影响：负性情绪的中介作用及干预研究》摘要中的四项信息

摘要信息	具体内容
研究的目的和重要性	本研究旨在探究大学生的手机依赖、负性情绪与学业拖延之间的关系。在疫情背景下，网课化教学对大学生的自我控制力要求更高，而学业拖延问题也更加明显。这对大学生的学业表现和自我效能感产生不利影响，并对其身心状况和未来规划造成负面影响。手机依赖和负性情绪被发现与学业拖延密切相关，可以在一定程度上预测个体的学业拖延程度。因此，此研究的重要性在于，通过探究这些因素的关系并进行干预，提供对大学生学业拖延的实证性的干预方案

摘要信息	具体内容
研究方法	本研究采用的方法主要是问卷调查和正念训练干预。首先，通过拖延评定量表–学生版（PASS）、大学生智能手机成瘾量表（MPATS）、抑郁–焦虑–压力量表（DASS–21）对全国400名大学生进行问卷调查，以此展开现状与关系研究。其次，从问卷调查的结果中选取符合条件的48名学生，进行以调节情绪为主题的线上正念训练，以改善他们的负性情绪和学业拖延状况
主要发现或结果	研究发现，大学生的手机依赖与负性情绪、学业拖延都显著正相关，手机依赖能够显著预测大学生的学业拖延，负性情绪在其中起到了一定的中介作用。同时，接受了以调节情绪为主题的线上正念训练的大学生，其负性情绪和学业拖延均得到显著的改善
结论或解释	大学生的手机依赖和负性情绪与学业拖延显著相关，而手机依赖对大学生学业拖延的影响可能部分归因于负性情绪的作用。以调节情绪为主题的线上正念训练，可以有效缓解手机依赖的大学生的负性情绪，并进一步改善他们的学业拖延程度。这为解决大学生学业拖延问题提供了一种可能的干预手段

目录：通过学位论文的目录，可以大致了解论文中的主要内容，如表 3–15 所示。

表3-15　《大学生手机依赖对学业拖延的影响：负性情绪的中介作用及干预研究》目录中的主要内容

目录信息	具体内容
第一章 前言	这一章可能会包含对研究主题的引言和背景信息，包括学业拖延和手机依赖的概念，以及对这两个主题的关联性的初步探讨
第二章 文献综述	这一章会对现有文献进行回顾，对学业拖延、手机依赖和负性情绪这三个概念的定义、测量以及现状进行详细描述。此外，也会探讨手机依赖与负性情绪、负性情绪与学业拖延、手机依赖与学业拖延之间的关系

续表

目录信息	具体内容
第三章 问题提出与研究设计	这一章将提出研究问题、设立假设、详细描述研究设计以及解释本研究的意义
第四章 研究一	大学生手机依赖、负性情绪与学业拖延的关系研究：这一章将会详细说明研究目的、假设、方法、结果，并进行讨论。研究结果可能包括手机依赖、负性情绪和学业拖延在人口统计学变量上的差异，它们之间的相关性，以及负性情绪在手机依赖和学业拖延之间的中介作用
第五章 研究二	正念训练对改善大学生负性情绪与行为的干预研究：这一章会详细描述正念训练的研究目的、假设、方法、结果，并进行讨论。该研究可能专注于正念训练对大学生负性情绪和手机依赖行为的影响
第六章 总结与讨论	这一章将对整个研究进行总结和讨论，包括研究的主要发现、结论、研究的不足和对未来研究的建议
附录	提供了论文中使用的问卷

从这篇学位论文的目录中可以知道它包含了两项较为独立的工作，因此作者虽然在第三章专门讲述了问题提出与研究设计，但未涉及研究方法的详细细节。在第四章和第五章的内容中才针对不同的研究体系进行假设和方法的详细描述。

由于该项研究使用了调查问卷的形式，因此在最后作者附上了相应的问卷内容，方便读者正确理解文章中的结果。

六、发明专利：《基于脱氧核糖核酸技术的数据编码方法及解码法》

华为技术有限公司 . 基于脱氧核糖核酸技术的数据编码方法及解码法：CN202110467805.7[P]. 2022－10－28.

摘要：本申请实施例公开了一种基于脱氧核糖核酸技术的数据编码方法、解码方法、相关装置及系统，该编码方法包括：对目标数据包括的 M 段第一子数据编码，以得到 M 条第一碱基序列；获取 M 段第一子数据的 M 个第一索引和目标数据的第二索引，其中，第二索引为第一索引的一部分；对 M 个第一索引编码，以得到 M 条第二碱基序列；基于 M 条第一碱基序列和 M 条第二碱基序列得到 N 条第三碱基序列，其中，一条第三碱基序列是基于一条第二碱基序列，以及该条第二碱基序列对应的第一碱基序列得到的；基于 N 条第三碱基序列，合成 N 条第一核苷酸序列。该编码方法使得用户可以根据需求从存储数据的核苷酸序列中读取特定的一部分数据。

摘要：从摘要中可以了解到，这个专利描述了一个基于 DNA 技术的数据编码和解码的方法、设备和系统。它通过对原始数据分段编码，得到不同的碱基序列，并通过索引信息，创建新的碱基序列。然后，这些碱基序列被用于合成核苷酸序列，也就是 DNA。最终，这些 DNA 可以被用于存储数据。这种编码方法的优点在于，用户可以根据需要，从 DNA 中读取存储的特定部分的数据。

权利要求书：这个专利的权利要求书很长，权利项有 26 项，了解这部分内容可以知道该专利主要保护的权利范围。

这项专利关注的是使用 DNA 作为数据存储介质的方法和设备。首先，专利保护了一种通过 DNA 进行数据编码和解码的方法，包括对目标数据进行编码以获得碱基序列，获取数据对应的索引，对这些索引进行编码以得到第二碱基序列，并基于这些碱基序列生成第三碱基序列。此外，此方法还包括了对这些生成的碱基序列进行纠错处理。方法还考虑到了对数据进行分段，使每一段数据都对应一条碱基序列。

其次，专利保护了基于DNA技术的数据编码和解码装置。这些装置包括编码单元，用于将数据编码为碱基序列，索引获取单元，用于获取数据和索引，以及序列组合单元，用于基于生成的碱基序列得到第三碱基序列。解码装置则包括索引获取单元、编码单元、序列分离单元以及解码单元。此外，专利还包括了一种计算机设备和计算机可读存储介质，它们包含了可用于执行上述数据编码和解码方法的计算机可读指令。专利还涵盖了一种计算机程序产品，它包含使计算机执行上述数据编码和解码方法的计算机可读指令。最后，专利还提出了两种数据存储系统，包括合成设备和上述编码或解码装置。这些系统能够根据碱基序列合成核苷酸序列，或者基于目标碱基序列和核苷酸序列得到第三碱基序列。

此专利的主要保护点集中于使用DNA进行数据存储的方法、装置、计算机设备、计算机程序产品以及数据存储系统。通过数据编码和解码，实现了在DNA中的数据存储和读取，提高了数据存储的密度，同时保证了数据的可读取性和准确性。

技术领域和背景技术：这部分内容描述了基于DNA的数据存储技术，以及这种技术的优点，如其存储容量、密度、耐用性和抗干扰能力。同时还指出了当前DNA存储方法的一个主要限制，即无法只读取数据的特定部分。这种基于DNA的数据存储技术看起来是一种应对全球数据增长的有效策略，但是这项技术的一些限制可能会影响其实用性和灵活性。若要解决这个问题，可能需要寻求新的技术和方法。此外，也可能需要开发新的设备和系统来实现这种新的数据存取方式。

发明内容：这项专利主要提供了基于 DNA 技术的数据编码和解码方法，以及相关的设备和系统，打破了传统数据存储的限制，实现了生物分子级别的信息存储和读取，具有极高的数据密度和长期稳定性。

发明内容中详细描述了一个使用 DNA 技术的数据编码方法。这种方法将要编码的数据划分为多段子数据，并且为每段子数据分配一个索引。然后，这些索引被编码为碱基序列，以构建 DNA 分子。此外，还介绍了多种实现方式，如基于子索引的目标碱基序列的生成，和生成长度超过预定长度的碱基子序列。

随后，发明内容描述了一个数据解码装置。它获取目标子数据的目标索引，然后对目标索引编码，得到目标碱基序列；然后从多条碱基序列中分离出目标碱基序列，并对其进行解码，得到原始的子数据。解码设备还包括纠错单元，可以基于碱基序列中的纠错碱基序列进行错误修正，增强了数据的鲁棒性。

此外，发明内容里还提出了一种计算机设备，其中包含一个或多个处理器和存储器。存储器中存储有可以使基于 DNA 技术的数据编码装置和数据解码装置实现编码和解码方法的计算机可读指令。同时，还提供了一种包含指令的计算机程序产品和计算机可读存储介质，从而能够让计算机执行这些编码和解码的方法。发明内容还提出了一种芯片，其中的一个或多个处理器可以读取并执行存储器中存储的计算机程序，以执行编码和解码的方法。芯片也可能包含存储器，以及用于接收和输出数据和 / 或信息的通信接口。

最后，发明内容提出了一种数据存储系统。它包括一个合成设备和一个编码或解码装置。合成设备可以基于碱基序列来合成核苷酸序列，然后通过编码或解码装置进行数据的存储或读取。

具体实施方式： 这部分通过 16 张图和几个实例示意性地描述了该专利的具体实施逻辑和细节。

七、实用新型专利：《红外摄像头和头戴式显示设备》

腾讯科技（深圳）有限公司. 红外摄像头和头戴式显示设备：CN202222765184.3[P]. 2023-01-03.

摘要： 本公开提供了一种红外摄像头和头戴式显示设备，属于光学技术领域。红外摄像头包括依次排布的镜头、红外滤光片和图像传感器。图像传感器具有第一工作模式和第二工作模式，且图像传感器在第一工作模式下的感光单元的面积大于在第二工作模式下的感光单元的面积，因此，图像传感器在第一工作模式下的分辨率低于第二工作模式下的分辨率。当需要感知眼球的视线变化时，图像传感器可工作在分辨率较低的第一工作模式，因此图像传感器可在一定带宽和整机功耗下以较高的帧率运行。而当需要识别用户身份时，图像传感器可工作在分辨率较高的第二工作模式，以获得清晰的眼球图像，从而进行准确的身份识别。

摘要： 从摘要中可以看出，该实用新型专利描述了一种红外摄像头和头戴式显示设备。它可根据需要切换分辨率，提供高帧率感知和清晰的眼球图像以用于身份识别。

权利要求书： 该实用新型专利权利要求范围包括一种红外摄像

头和头戴式显示设备。红外摄像头用于头戴式显示设备中的眼球图像拍摄。它包括镜头、红外滤光片和图像传感器。图像传感器具有第一工作模式和第二工作模式，其中第一工作模式下的感光单元面积大于第二工作模式。图像传感器还包括微透镜和像素阵列，第一工作模式下感光单元包括更多像素单元。头戴式显示设备包括镜筒、红外补光灯和红外摄像头，用于显示信息、补光眼球和采集眼球图像。该专利的范围涵盖了虚拟现实设备。

技术领域和背景技术：该实用新型专利涉及光学技术领域中的红外摄像头和头戴式显示设备。传统的头戴式显示设备需要具备感知用户视线和进行身份识别的功能。然而，这两种功能对眼球图像的要求不同。因此，这项专利解决了在红外摄像头中实现既能感知用户视线又能准确进行身份识别的技术问题。该技术通过在摄像头中引入不同工作模式和感光单元面积的设计，实现了灵活切换分辨率的目的，以适应不同需求。

发明内容：发明内容是一种红外摄像头和头戴式显示设备。该红外摄像头应用于头戴式显示设备中，用于拍摄眼球图像。红外摄像头包括镜头、红外滤光片和图像传感器。图像传感器具有两种工作模式，其中第一工作模式下的感光单元面积大于第二工作模式下的面积。在第一工作模式下，图像传感器的帧率较高。此外，图像传感器还包括微透镜和像素阵列，微透镜位于像素阵列朝向镜头的一侧。在第一工作模式下，感光单元包括的像素单元数量多于第二工作模式下的数量。头戴式显示设备包括红外摄像头、镜筒和红外补光灯，红外补光灯位于镜筒朝向眼球的一侧，用于为眼球提供补光。该技术方案的益处包括在需要感知眼球视线变化时，使用分辨率较低的第一工作模式以降低功耗，而在需要准确身份识别时，使用分辨率较高的第二工作模式以获得清晰的眼球图像。

具体实施方式：这部分提供了一种满足头戴式显示设备需求的红外摄像头和其具体实施方式。通过合理的工作模式切换和图像传感器设计，该摄像头能够在兼顾整机功耗的情况下实现眼球视线变化的感知和虹膜识别的高清晰度要求，为用户提供更加沉浸式和个性化的体验。

第四章

如何准确找到目标文献

准确找到目标文献是学术研究中至关重要的一项基础技能。不幸的是，不仅是新人，很多已经在学术大道上奔跑了许久的"老兵"依旧无法做到快速准确地检索目标文献。在具体描述检索技术前，读者要知道在学术研究的什么情况下需要查找文献。

首先，目标文献提供了研究背景和理论基础。在开始研究之前，了解相关领域的前沿进展和研究的现状是非常重要的。通过查阅目标文献，读者可以了解该领域的理论框架、概念模型和相关研究的关键结果。这些信息可以帮助学术新人在研究设计和问题定义方面做出明智的决策，并确保他们的研究与现有知识和理论联系紧密。

其次，准确找到目标文献还可以帮助读者避免重复劳动和重复发现。这点尤为重要！在广阔的学术领域中，有大量的研究已经进行过，领域内已有丰富的文献可供参考。通过准确找到目标文献，读者可以了解到自己研究领域内已有的相关研究，从而避免重复做有人做过的工作。此外，如果想做的研究已经有不少别人报道的反面结果，读者也要重新审视自己的假设，以免做错误的研究。这点更为重要！这有助于节省时间和资源，并集中精力在填补研究空白和拓宽知识边界的新领域。

再次，目标文献有助于确定研究方法和方法论。研究方法对于研究的可靠性和有效性至关重要。通过查阅目标文献，读者可以了解和评估各种研究方法和技术的优缺点，可以学习前人在类似研究中所采用的方法，并根据自己的研究目的和问题选择最合适的方法。准确找到目标文献还可以帮助读者了解数据收集、分析和解释的最佳实践，提高研究的可靠性和可重复性。

最后，目标文献可以支持读者的研究论证和结论。在研究过程中，读者需要对自己的研究进行合理的解释和论证，以支持自己的结论。通过查阅目标文献，读者可以找到相关研究的证据、实证结果和结论。这些信息可以用来支持自己的研究假设、验证自己的研究发现，并与前人的研究结果进行比较和对照。通过准确找到目标文献，读者可以确保他们的研究论证和结论在学术界中具有权威性和可信度。

下面我们就来讲讲，具体该如何快速准确地找到高质量的目标文献。

一、找 人 去 问

如果读者是一位学术新人，那么最高效获取目标文献的方式就是开口问导师。导师是读者的主要学术指导者，在相关领域有丰富的经验和知识，可以为读者提供关于文献搜索的指导和建议，包括推荐的数据库、关键词的选择和搜索策略。导师也可能在自己的研究中使用过一些重要的文献资源，并能分享给读者。

问同门师兄师姐也是读者准确找到目标文献的高效方式。由于在一个课题组，读者和同门师兄师姐通常是在相同或相关领域进行研究。而同门师兄师姐已经在该领域进行了一段时间的研究，并积累了丰富的实践经验（有时候一线的经验比导师更丰富），可能面临过与读者相似的文献搜索困境，知道哪些数据库、期刊或学术会议是关键的信息源。他们可以分享搜索策略、技巧和工具，帮助读者快速准确地找到目标文献。更重要的是，与同门师兄师姐交流可以获得反馈和讨论机会。当读者向他们咨询目标文献时，他们可以帮助读者进一步明确研究问题和目标，提供有关文献的评论和评估。这种交流可以促进读者的思考，帮助读者更好地选择适合自己研究的文献，提升读者的研究能力。

当然，可能读者的导师只是想让读者探索一个新的领域，课题组里也不曾有人接触过这个课题，导师确实无法给予读者直接的帮助。这个时候，读者可以让导师和同门师兄师姐帮忙引荐，如果导师们有资源，能牵线搭桥，读者就可以找到那个对的人。在实际情况中，很少有导师让读者做一个导师自己一无所知的研究，很多情况是导师未必对这个研究特别擅长，但一定是在某个契机下，比如和同行聊天中，或参加学术会议时，了解到了这项研究的潜力。这个时候读者需要学会去挖掘导师的潜力。

问人的好处不仅是对方很可能快速给读者一些目标文献，更重要的是能给读者质量上乘的目标文献。这是因为每个研究者的心中会有一个属于自己的"私人文献库"。他们的记忆中建立着一个与自己研究领域相关的文献数据库。这意味着他们会从所有阅读过的资料中挑出 50 ～ 100 篇文章并牢记在心。随着时间的推移和阅读的继续，这个私人文献库会根据学科发展或研究者的兴趣进行相应调整。然而，核心部分的一些内容可能会在记忆中保留数年之久。有趣的是，一篇论文的参考文献列表在理想情况下至少应包含 100 个文献。如果他们肯把这些私人文献库分享给读者，就会为读者省下一大把的时间和很多的精力。

因此，组建读者自己的私人文献库是一项重要任务。当然，库存的规模因人而异，关键是能够在记忆中储存一系列相关文献的信息。

有人可问固然是一条捷径，对方可能会无私地告诉读者哪些文献值得一读。但这条捷径并不是没有隐患。这无法让读者建立起一套系统的检索逻辑来找到目标文献。比如，读者在研究的过程中发现了一个之前没见过的现象，周围的人也无法给读者解释，这时读者就只能靠自己。此外，读者还会面临另一个挑战，读者需要评估搜索到的文献的质量。这并不是一项容易的任务。如果读者遇到一篇完全无法理解的文章，那是因为它写得非常出色、内容非常深奥，超出了读者的理解能力？还是因为它只是一篇虚假的、故意让人迷糊的垃圾文章？

二、用好文献综述

在第二章的内容中，我们已经了解到，文献综述是对某一研究领域内已有文献的全面总结和分析。如果读者能找到与自己研究课题相关的文献综述（绝大多数课题会有综述），就可以了解该领域的研究进展、主要问题、重要发现、研究方法和理论框架等方面的信息。因此，文献综述可以提供一个较为全面的视角，帮助读者对目标文献进行定位。

文献综述往往由经验丰富的专家或权威人士撰写。他们对该领域的研究动态和前沿问题具有较深入的了解，对重要文献的筛选和总结有着较高的专业能力。在文献综述中，作者通常会提供一份参考文献列表，列出在撰写综述时所参考的文献。这些文献可能涵盖了该领域内的经典研究、重要理论和关键实证研究等。

一种常用且被广泛认可的文献综述结构是按照时间顺序讨论某一领域的研究，并从最早的研究开始介绍到当前的重要研究。根据这种结构，引用的文献应该按照时间顺序排列，首先介绍该领域最早的研究，其次逐渐引入各个时期最重要的文献，最后涉及当前的重要文献。参考文献的排序通常以较早的文献为起点，接着是近期的关键参考文献和次重要的参考文献，最后是最新的重要参考文献。这种结构的优势在于它能够提供一个系统性的观点，使读者了解该领域研究的演变过程。通过按时间顺序呈现研究，读者可以了解研究领域的发展历程，并了解不同时期的研究重点和重要成果。此外，这种结构也能帮助读者了解当前的研究趋势和前沿问题，因为最新的重要参考文献通常会放在最后。

当然，在撰写文献综述时，研究者有时候也会采用其他的结构，例如按研究主题或理论框架分类讨论。无论哪种结构，优异的综述都会清晰地组织参考文献，使读者能够清楚地追踪到各个时期的重要研究以及最新的进展。通过查阅这些参考文献，读者可以快速找到与研究主题相关的目标文献，从而节省时间和精力。

不过，利用文献综述来进行目标文献的定位也有局限性。首先是主观性和选择性。文献综述的编写是基于作者的主观判断和选择。不同作者对于选择哪些文献进行综述可能存在差异，从而出现主观偏好和片面性的情况。他们在撰写的过程中更多是依据自己的经验，而不会考虑每一篇文献在历史中客观造成影响力的指标。某些重要的研究可能被忽略或未被充分讨论，从而影响定位目标文献的准确性。

文献综述的撰写通常需要耗费较长的时间，而科学研究领域的知识更新迅速。在完成综述的过程中，可能会有新的研究发表，重要的发现出现或者理论观点发生变化，这些新进展可能无法被及时纳入综述中。因此，在使用文献综述寻找目标文献时，需要结合最新的研究进展进行综合考量。

有时候，文献综述会以特定语言和地域为基础进行撰写，因此可能存在语言和地域的限制（这一问题在中文的综述中出现概率不低）。

某些重要的研究成果可能出现在非特定语言的文献中或者特定地域的期刊中，如果仅仅依赖文献综述寻找目标文献，可能会忽略这些研究。

还有最重要的一点，没有一篇文献综述会为读者量身定做，总会在某些地方无法给读者充足的信息。因此，无论是问人还是利用文献综述，都只是给读者打了一个学术地基，读者还需要利用各式技能寻找合适的文献，来建造属于自己的私人文献库。

三、学术数据库和学术搜索引擎

笔者相信，阅读这本书的读者一定是互联网的一代，生活中的每一个细节都已经接入网络，但是要在浩如烟海的学术信息中准确找到能解答读者的疑惑的那篇文献并不是一件简单的事情。笔者经常会让学生就实验中的一个问题去搜索相应的文献来进行结果的佐证，但往往整整一个星期过去了，学生拿来的只是几篇只需看一眼就知道参考价值不高的文献，或者干脆说在网上找不到有用的信息。

一个人有多大概率提出一个在学术框架下不曾被前人提出的问题？这个概率是非常低的。科学研究在当今的时代是站在无数前人的肩膀上向前一点点突破的一种行为。每一个人在学术研究中观察到的现象和得到的结论，99.99% 已经被某个人在某个地方以某种相似的方式提到，甚至可能完全一样。读者需要做的就是找出那份记录，运用其中的知识来进一步解释读者得到的信息。读者的论文被发表后，也会躺在网络上等待另一个寻找它的人出现。

因此，在网上找文献和玩游戏一样，是互联网中的技术活。我们需要先认识到学术体系中的语言壁垒，然后对数据库和搜索引擎进行合适选择。

首先，我们需要认识到一个客观事实，世界各国都在进行大量的学术研究，许多重要的研究成果和学术论文是以英文发表的。除了一部分有着明确地域限制的人文社科类学术研究之外，英语是学术世界交流的第一语言。这些年我国出台了一系列的学术期刊提质计划，比如《关于深化改革培育世界一流科技期刊的意见》和《关于推动学术期刊繁荣发展的意见》等，成效卓著，涌现了大量优秀的学术期刊。不过从中可以发现，很多高起点的学术期刊创刊便是纯英文的，也有一些老牌期刊逐渐转为英文办刊。

与之相对的是我们对于英语媒介的接触程度并不充分。虽然英语可能从幼儿园就开始学，到了大学也要考英语四、六级，考研中英语也是必考的科目，但英文一直不是一种生活用语。大多数人只会在考试的语境下使用英文，成为研究生后依旧不会在主观上用英文去做研究，查找文献时过度偏好使用中文数据库。

一些历史悠久的学术研究最初确实是发表在中文期刊上。然而，随着世界各国学术界的日益接轨和交流，许多学者意识到将研究成果发表在英文期刊上对于获得更广泛的认可和传播更有优势。因此，这些学者选择将最新的研究成果投稿给英文期刊，以便与世界范围内的同行和学者进行交流和合作。如果读者仍然局限于搜索中文文献，就可能无法及时获得最新的研究成果，甚至觉得这个课题早就没人关心了。

读者或许在搜不到文献后想到了要用英文进行搜索，但在搜索时采用了中文的数据库（比如知网、万方）和搜索引擎（比如百度学术）。不幸的是，中文学术数据库主要收录和索引中文期刊、学位论文和会议论文等资源，其对英文文献的覆盖范围相对较小。这导致在使用中文数据库时，可能无法获取大部分英文文献的信息。另外，中文学术搜索引擎的检索系统主要针对中文关键词进行优化，对于英文文献的英文检索词可能无法准确匹配。这可能会降低搜索结果的准确性和相关性。

因此，读者需要根据自己想了解的问题，选择合适的数据库和学术搜索引擎。很多时候我们会把学术数据库和学术搜索引擎当作一个东西，简单地认为它们都是在搜索框里填入信息后进行搜索，但两者之间其实有一定的差异。

学术数据库是指收集、存储和组织大量学术期刊论文、会议论文、学位论文等学术资源的电子数据库。它们通常由学术出版社、图书馆或其他机构建立和维护。学术数据库提供了对学术资源的全文检索、索引、引用和下载等功能，使研究人员能够方便地获取和利用学术信息。一些常见的学术数据库包括 Scopus、Web of Science、PubMed 等。有些学术数据库提供免费访问的文献，而其他一些可能需要付费或通过机构订阅才能获得访问权限。

学术搜索引擎是一种特定的搜索工具，旨在帮助用户在互联网上查找学术文献、学术资源和学术信息。与传统的互联网搜索引擎（如百度）不同，学术搜索引擎专注于检索学术领域的内容，并提供特定的搜索功能和筛选选项，以满足学术研究的需求。学术搜索引擎可以从各种学术数据库、学术网站和学术资源中收集和整合信息，以便用户能够更方便地查找和访问学术文献。一些常用的学术搜索引擎包括 Google 学术、Microsoft Academic、Semantic Scholar 等。

举例来说，Google 学术是一个广泛使用的学术搜索引擎。它通过与众多学术数据库合作，包括学术出版社、学术机构和图书馆，收集和索引了大量的学术文献信息。读者可以在 Google 学术中输入关键词，然后搜索引擎会通过算法和索引技术从各个学术数据库中检索相关文献，并按照相关性排序呈现给读者。读者可以通过点击链接，直接访问学术数据库中的原始文献或者获取文献的全文。

附录 5 列举了国内外较为常用的数据库和学术检索引擎，读者可以发现，除了一些大型的数据库之外，还有专注于某些特定领域的专门数据库。这就像是去超市购物，读者需要快速定位正确的货架，才能更高效地找到想要的商品。

四、学术检索策略与技巧

一旦选择好了数据库或者搜索引擎，就可以开始学术搜索。一般的搜索分为两类，第一类是对"已知项目"的搜索。也就是说，你要寻找一篇特定的文献，例如你想要找爱因斯坦所写的 *On the electrodynamics of moving bodies* 这篇论文，或者想要知道该论文的出版日期。进行这种检索的前提是，你已经确认这篇论文确实存在。一旦找到，检索任务就完成了，这确实很简单。

但绝大多数的时候，你面临的是第二种搜索。例如，你想要找到某个领域的先前研究成果的概述，或者说想搜索别人是不是也在类似的实验中观测到了你得到的结果。对于新人来说，通常的策略是输入两三个关键词，然后开始搜索。然而，在这种情况下，屏幕上很有可能会显示没有找到相关记录，或者显示有上百万条记录。这显然不是你想要的结果。

读者会发现，不同的搜索引擎在运作方式上存在差异。在不同的搜索系统中输入相同的关键词，会得到不同的结果。虽然各个搜索引擎有所不同，但它们的运作方式都基于几个基本概念。掌握这些概念可以极大地提高搜索的效率和效果。这里的搜索规则十分复杂，但最简单的加权（Weighting）、布尔数学检索（Boolean Search）和邻近检索（Proximity Search）一定要掌握。

1. 加权

加权在学术搜索中是一项关键的技术，它对文献进行排序和评估，以提供与用户查询相关性更高的搜索结果。

首先，加权算法会考虑关键词在文献中的出现频率和位置。如果一个关键词在文献中多次出现，那么该文献可能与该关键词更相关。搜索引擎会计算关键词在文献中的出现频率，并为出现频率较高的文献赋予更高的权重。此外，关键词出现在标题、摘要或关键词列表等重要位置的文献也可能被认为更相关。例如，当读者在学术搜索引擎中输入关键词"人工智能"时，一篇在标题中包含该关键词且摘要中多次出现的论文可能会被认为与查询更相关，并在搜索结果中排名较靠前。

其次，加权算法还考虑文献的引用次数和引用来源的权威性。一篇被其他学者频繁引用的论文通常被认为具有较高的学术价值和相关性。搜索引擎会分析文献的引用情况，并为被引用较多的论文赋予较高的权重。此外，来自知名学术期刊、会议和机构的引用也会增加文献的权重。例如，一篇在顶级计算机科学期刊上发表的论文往往会获得更高的权重，因为该期刊具有较高的声誉和学术影响力。

再次，加权算法还考虑用户的反馈和行为数据。搜索引擎会分析用户的点击率、停留时间和反馈行为，以了解用户对搜索结果的偏好和满意度。通过收集和分析这些数据，搜索引擎可以优化搜索结果并提供更符合用户需求的文献。例如，如果多个用户对某篇文献表达了正面的反馈，那么该文献可能被认为与查询更相关，并在搜索结果中获得更高的权重。

最后，在学术搜索中，特定领域的专业性也是加权的重要考虑因素。不同的学科领域可能有不同的专业词汇和术语，搜索引擎会根据用户查询和领域特定的权威性来调整加权算法。例如，在医学领域的学术搜索中，专业术语和医学词汇的相关性可能会被赋予更高的权重，以确保提供与医学相关的准确和有用的搜索结果。

举例来说，读者想要搜索与"吃鱼会变聪明"这一实验现象相关的学术论文。首先要确定与实验现象相关的关键词，例如"鱼类食物与智力""鱼油对大脑功能的影响""Omega-3 脂肪酸与认知能力"等。这些关键词应该能够准确描述实验现象，并尽可能具体。除了常见的学术搜索引擎，还可以结合相关学科领域的专业数据库进行搜索。例如，生物学或营养学的专业数据库可能提供更多与鱼类食物和智力相关的研究成果。这些专业数据库往往具有更准确和专业的学术文献资源，并提供特定领域的加权规则和搜索选项。查找已有的重要文献，并分析这些文献被其他学者引用的次数和来源，可以找到与实验现象相关性较高的论文。同时，可以使用学术搜索引擎提供的相关性筛选功能，将搜索结果按照相关性进行排序，以便找到更有价值的论文。学术搜索引擎通常提供高级搜索选项，可以进一步细化搜索结果。可以选择在标题、摘要、关键词等特定位置进行搜索，或者设置时间范围以获取最新的研究成果。

2. 布尔数学检索

布尔数学检索（Boolean Search）是一种基于布尔逻辑运算的搜索方法，在学术搜索中被广泛应用。它通过使用逻辑运算符（AND、OR、NOT）来连接关键词，从而筛选出符合特定条件的文献。

（1）逻辑运算符的应用

AND（与）：用于将两个或多个关键词组合起来，要求搜索结果必须同时包含这些关键词。例如，搜索"climate change AND mitigation"可以得到与气候变化和减缓相关的学术论文。

OR（或）：用于将两个或多个关键词组合起来，要求搜索结果中至少包含其中一个关键词。例如，搜索"renewable energy OR solar power"可以获得关于可再生能源或太阳能的学术文献。

NOT（非）：用于排除某个关键词，要求搜索结果中不包含该关键词。例如，搜索"artificial intelligence NOT robots"可以排除与机器人相关的人工智能论文。

（2）组合运算符的应用

使用括号：括号用于分组逻辑运算符，以明确搜索条件的优先级。例如，搜索"（machine learning OR deep learning）AND healthcare"可以确保先进行 OR 运算再进行 AND 运算。

多个逻辑运算符的组合：可以使用多个逻辑运算符来构建复杂的搜索查询。例如，搜索"（（climate change AND mitigation）OR（renewable energy AND policy））NOT adaptation"可以获取与气候变化和减缓或可再生能源和政策相关的学术论文，但排除与适应性相关的文献。

（3）精确匹配和通配符的应用

精确匹配：使用引号将短语或术语括起来，以实现精确匹配。例如，搜索"quantum computing"可以精确获取与量子计算相关的文献。

通配符：使用通配符（通常是星号＊）来代替一个或多个字符，以扩展搜索范围。例如，搜索"neuro＊"可以获取与神经科学、神经网络等相关的学术文献。

（4）筛选和精细化搜索结果

使用加权符号：可以使用加号＋或减号－来对搜索结果进行加权或排除。例如，搜索"climate change +policy －adaptation"可以获得与政策相关的气候变化文献，并排除与适应性相关的文献。

限定搜索范围：可以使用限定符号来指定搜索的特定字段或范围。例如，使用"title："前缀搜索"title：renewable energy"，可以限定只在标题中搜索关键词"renewable energy"。

（5）多层次的布尔数学检索

可以结合多个布尔运算符和组合运算符，创建多层次的搜索查询，以更精确地获取所需的学术文献。例如，搜索"（machine learning OR deep learning）AND（healthcare OR medical）NOT robots"可以获取与机器学习或深度学习以及医疗保健或医学相关的学术论文，但排除与机器人相关的文献。

（6）同义词和近义词的应用

在布尔数学检索中，可以使用同义词或近义词来扩展搜索范围，以涵盖相关的概念和术语。例如，搜索"climate change OR global warming"可以同时获取与气候变化和全球变暖相关的学术文献。

（7）面向特定领域的操作符

针对特定领域，一些学术搜索引擎提供了特定的操作符或限定符，以便更精确地搜索相关文献。例如，在医学领域，可以使用Mesh Terms（医学主题词）来限定搜索范围。

以搜索与"吃鱼会变聪明"这一实验现象相关的学术论文为例。在这个例子中，我们可以使用以下布尔数学检索规则来搜索相关的学术论文：

·使用 OR 运算符扩展相关关键词：

（吃鱼 OR 鱼类 OR 鱼肉）AND（聪明 OR 智力 OR 认知）

解释：使用 OR 运算符将吃鱼的不同表达方式组合起来，同时将聪明的不同表达方式组合起来。这样可以扩大搜索范围，包括使用不同术语描述吃鱼和聪明的论文。

·使用 AND 运算符缩小搜索范围：

（吃鱼 OR 鱼类 OR 鱼肉）AND（聪明 OR 智力 OR 认知）AND（实验 OR 研究 OR 试验）

解释：使用 AND 运算符将实验或研究相关的术语与前面的关键词组合起来，从而缩小搜索范围，只包括那些在标题、摘要或关键词中同时提到吃鱼和聪明，并与实验、研究或试验相关的学术论文。

·使用 NOT 运算符排除不相关的内容：

（吃鱼 OR 鱼类 OR 鱼肉）AND（聪明 OR 智力 OR 认知）AND（实验 OR 研究 OR 试验）NOT（心脏 OR 眼睛 OR 健康）

解释：使用 NOT 运算符排除与心脏、眼睛、健康等主题相关的内容。这样可以进一步缩小搜索范围，避免出现与实验现象（吃鱼会变聪明）不相关的论文。

通过合理组合逻辑运算符和关键词，布尔数学检索可以帮助我们缩小搜索范围，提高搜索结果的相关性。在这个例子中，我们使用 OR 运算符扩展关键词，使用 AND 运算符缩小搜索范围，并使用 NOT 运算符排除不相关的内容。这样，我们可以获得与实验现象（吃鱼会变聪明）相关的学术论文，同时排除与该现象不相关的内容。

3. 邻近检索

邻近检索（Proximity Search）是一种在学术搜索中常用的高级搜索技术，它允许用户查找文本中特定词语之间的接近程度或位置关系。在学术研究中，研究人员常常需要关注某个领域或主题中特定单词或短语之间的关联性和接近性。邻近检索可以帮助研究人员更好地理解文献中的相关概念、观点或现象，进而支持他们的研究和论证过程。与普通的关键词搜索不同，邻近检索考虑了单词之间的上下文和相对位置，可以更精确地定位相关信息。

邻近检索的一个常见应用是查找相关的短语或词组。通过指定单词之间的距离或位置关系，可以准确地定位包含特定短语的文献。例如，在研究认知心理学中的工作记忆时，研究人员可能对"工作记忆"一词前后的几个单词进行关联分析。他们可以使用邻近检索来查找包含"工作记忆"和"认知负荷"短语的论文，并将它们之间的最大距离限制为 5 个单词。这样可以确保所获取的文献集中，只包含对这两个概念密切相关的研究。

邻近检索的另一个应用是在学术搜索中查找特定单词或短语的变体或拼写错误。通过使用邻近检索，研究人员可以设置一个容忍范围，以便找到包含拼写错误或变体词的文献。例如，一个研究人员可能希望查找关于"脑卒中"的论文，但可能会遇到一些使用了"脑中风"一词的文献。通过使用邻近检索并允许一定的拼写差异，他可以找到包含这两个术语的相关论文。

此外，邻近检索还可以用于查找文本中特定单词的上下文信息。研究人员可能对某个特定词在文献中的出现方式、环境或语境感兴趣。通过指定单词的前后距离，他们可以获得包含该单词的文献，并进一步分析其上下文信息。例如，研究人员可能对"人工智能"一词在计算机科学论文中的具体应用进行研究，他们可以设置一个特定的距离来确定该术语与其他相关技术或概念的关系。

在邻近检索中，常用的操作符有几个，包括接近操作符（NEAR）、有序操作符（BEFORE）和通配符（*）。要注意，不同的学术数据库和搜索引擎所用的操作符会有一定差异！

（1）接近操作符（NEAR）的应用

接近操作符用于指定两个单词之间的最大距离。这个距离可以是固定的数字，表示两个单词之间最多允许存在多少个其他单词，也可以使用符号"w"表示词数。例如，"w1 NEAR5 w2"表示两个单词 w1 和 w2 之间的最大距离是 5 个单词，这意味着这两个单词之间可以有 0 到 5 个其他单词。接近操作符常用于查找具有特定关联的词语或短语。

假设我们要查找关于心理健康和社交媒体使用之间关系的学术论文。我们可以使用接近操作符来查找同时出现"心理健康"和"社交媒体"的文献，将它们之间的最大距离限制为 10 个单词。输入"心理健康 NEAR10 社交媒体"，可以获得一组包含这两个术语并具有一定关联的论文。

（2）有序操作符（BEFORE）的应用

有序操作符用于指定两个单词之间的固定顺序。它表示两个单词在文本中必须按照指定的顺序出现。例如"w1 BEFORE/5 w2"表示单词 w1 必须在单词 w2 之前出现，并且两个关键词之间最多只有 5 个词语。有序操作符适用于需要考虑词语出现的顺序关系的检索情况。

假设我们要研究糖尿病和肥胖之间的关系，并且希望找到具有严格顺序的相关论文。我们若想使用有序操作符来查找包含"糖尿病"和"肥胖"两个单词，并要求"糖尿病"必须在"肥胖"之前出现的文献，应该输入"糖尿病 BEFORE/5 肥胖"。

（3）通配符（*）的应用

通配符用于匹配任意字符或字符序列。它可以在单词的前缀、后缀或中间位置使用。通配符常用于处理单词的变体形式、拼写错误或在检索时需要考虑不确定性的情况。

假设我们对心理健康相关的研究感兴趣，但是不确定是应该搜索"mental health"还是"psychological well-being"。我们可以使用通配符来搜索这两个术语的变体。我们可以使用"ment*"来搜索以"ment"开头的单词，例如"mental""mentality""mentoring"等。同样地，我们可以使用"psychol*"来搜索以"psychol"开头的单词，例如"psychological""psychologist""psychology"等。这样，我们可以涵盖多种可能的术语变体，从而扩大搜索范围。

另一个例子是在搜索人名时，有时候人们不确定人名的完整拼写或存在多种拼写方式。例如，我们想搜索关于莎士比亚的研究，但是不确定是应该用"Shakespeare"还是"Shakespear"。

我们可以使用通配符来搜索包含类似拼写的人名。我们可以使用"Shakesp*"来搜索以"Shakesp"开头的单词，这样就可以搜索包含多种可能的拼写，例如"Shakespeare""Shakespearian""Shakespearen"等。

　　这里继续以搜索与"吃鱼会变聪明"这一实验现象相关的学术论文为例。如果读者希望找到关于吃鱼对智力影响的研究，可以使用邻近检索来查找包含"吃鱼"和"变聪明"这两个关键词，并限定它们之间的最大距离的文献。可以使用类似"吃鱼 NEAR5 变聪明"的检索语句，其中"NEAR5"表示两个关键词之间的最大距离为 5 个词语。这样，系统会返回包含这两个关键词，并且它们之间最多相隔5 个词语的文献，这些文献更有可能涉及吃鱼与智力之间的关联。

　　如果读者希望找到关于吃鱼对智力有正向影响的研究，可以使用顺序关系来约束关键词的顺序。可以使用类似"吃鱼 BEFORE/1 变聪明"的检索语句，其中"BEFORE/1"表示"吃鱼"必须在"变聪明"之前出现，并且两个关键词之间最多只有 1 个词语。这样，系统会返回那些吃鱼在变聪明之前进行讨论或描述的文献。这些文献更加符合用户的需求。

　　"吃鱼会变聪明"是感兴趣的实验现象，但是在学术论文中可能会有不同的表述和变体。读者可以使用通配符来考虑这种不确定性。一个合理的搜索策略是结合关键词和通配符进行检索。我们可以使用关键词"fish"和"intelligence"来搜索与鱼类和智力相关的文献。然而，由于我们希望考虑不同的表述和变体，读者可以在关键词中使用通配符来扩展搜索范围。例如，读者可以使用"fish*"和"intellig*"这样的关键词进行搜索，其中"*"表示通配符，可以匹配任意字符序列。这样，读者可以捕捉到包括"fish""fishes""fishing"在内的各种鱼类相关词语，以及包括"intelligence""intelligent""intelligently"在内的智力相关词语。

五、文献的筛选和评价

筛选和评价文献的质量是阅读文献时不可或缺的环节。对于读者来说，找到了内容相关的文献并不是万事大吉，更重要的是判断文献中的内容有没有价值。简单来说，文献质量越高，用来佐证读者的研究就越有力。如果读者使用的文章不够受重视，那么所得出的结论可能说服力也就不足。因此，文献的筛选和评价也是不可或缺的，但这比高效地检索文献更困难。文献的筛选和评价的难点在于它并没有十分清晰的规则可循，更多的时候需要的是一种难以言说的感觉。当读者在一个学术领域摸爬滚打数载后，有些文献一读就会发现质量上乘，逻辑特别严谨，信息密度极高；另一些文献一读就知道是换汤不换药的灌水文章，充斥着可以有但非必要的分析。

如果读者是一位学术新人，在心中还未对一个领域形成整体的脉络，就很容易拿捏不准文献的质量。读者可以用下面描述的五步法来筛选文献和评价文献的质量，但请记住，这些技巧并不一定屡试不爽。

我们以这篇文献为例：

Doménech-Carbó，A.，Doménech-Carbó, M. T.，Redondo-Marugán，J.，Osete-Cortina，L.，Barrio，J.，Fuentes，A.，... & Pasíes，T.（2018）. Electrochemical characterization and dating of archaeological leaded bronze objects using the voltammetry of

第四章　如何准确找到目标文献

immobilized particles. Archaeometry，60（2），308-324.

该研究描述了固态电化学技术在铅青铜物品的表征和年代测定中的应用。利用铜和铅腐蚀产物的特征伏安图谱作为腐蚀期长短的标记。该方法被应用于西班牙瓦莱里亚（Valeria）和约旦加达拉（Gadara）的罗马考古遗址，西班牙哈蒂瓦（Xàtiva）的罗马和中世纪遗址，以及西班牙瓦伦西亚理工大学校园内户外展示的现代塑像，涵盖了公元前 4 世纪至公元 2 世纪和公元 20 世纪的时间范围。

第一步：发表在什么期刊？

虽然在前文我们强调过不能以刊论文，但发表文章的期刊对文章的质量在一定程度上会有所体现。*Archaeometry* 是一份国际研究期刊，涵盖了物理学和生物学在考古学、人类学和艺术史中的应用。该期刊始于 1958 年，最初为牛津大学考古学和艺术史研究实验室的《考古学和艺术史研究通讯》（*Bulletin of the Research Laboratory for Archaeology and the History of Art*），由该实验室出版了约 40 年。从 2001 年开始，该期刊由牛津大学考古学和艺术史研究实验室代表出版，并与德国自然科学考古学与考古测量学协会（Gesellschaft für Naturwissenschaftliche Archäologie Archäometrie）以及考古学科学协会（Society for Archaeological Sciences）合作，由 Wiley-Blackwell 出版。2021—2022 年最新影响因子为 1.915。经过搜索可以发现，这是一本科技考古领域比较老牌并且顶尖的期刊。

第二步：作者是谁？

在这一步中，读者需要了解撰写这篇论文的人的情况。读者需要了解作者在这个领域做了多少研究，其他人对作者有何评价，以

169

及作者的背景如何。读者还需要了解作者在哪个大学工作，以及这个大学的声誉如何。

该文献的第一兼通讯作者是安东尼奥·多梅内克－卡尔波（Antonio Doménech-Carbó）教授。通过网络搜索可以发现，他供职于瓦伦西亚大学。瓦伦西亚大学是西班牙非常不错的大学之一。安东尼奥·多梅内克－卡尔波教授在电分析和一般分析化学领域都有丰富的经验。他在电化学技术在固体材料分析方面做出了基础性贡献，尤其在考古物品和文物领域。铅制品年代测定方法的开发是他研究的亮点之一，另一个亮点是他对古代玛雅蓝的性质和制备技术进行的研究。相关研究发表在国际纯粹与应用化学联合会（IUPAC）会刊和《德国应用化学》（Angewandte Chemie International Edition）等权威期刊上。

第三步：文献出版日期是什么时候？

在这一步中，读者需要确定文章是在哪一年发表的。一般来说，研究越近期越好。如果研究稍旧一些，并不代表质量就不好，但需要检查是否进行了任何后续研究。也许作者继续进行了研究，并发表了更有用的结果。在这个例子中，文献发表于 2018 年，已经是很新的研究，但经过搜索发现，安东尼奥·多梅内克－卡尔波教授在之后几乎每年都发表了类似主题的论文。如果最终读者认为这是一篇高质量的文献，可以尝试去搜索作者在 2018 年之前和之后发表的所有相关文献，很有可能它们是作者在一个较大的研究主题下不同分支的探索。将相关研究收集起来，按照时间顺序阅读，可以很好地了解安东尼奥·多梅内克－卡尔波教授在这个领域中的系统研究。

第四步：其他研究人员对这篇论文有何评价？

在 Google 学术中进行搜索发现，这篇文献在 5 年内被引用了 24 次。这意味着至少有 24 篇其他文章提到了这篇文章。如果读者查看其他文章的作者，会发现这些人都是该研究领域的专家。引用这篇文章的作者用它作为支持材料，而不是批评它。

第五步：评估文章的质量。

现在回顾一下，在上述几个方面，这篇文献得分如何。根据这些评价，读者可以大概确定这篇文献的质量。

六、笔者的一些心得

主动追踪：我们生活在一个信息爆炸的时代，在这个时代，新的知识和理念在全球范围内迅速传播和交流。因此，即使读者有一个独特的想法，可能在全球的某个角落，有人正在研究相同的主题。这就提出了一个问题：如何在众多的研究者中保持自己研究的独特性和创新性？答案就是，要特别关注读者研究领域的最新动态，并根据需要随时调整研究方向和方法。

以环保科技领域为例，假设读者正在研究一种新的环保材料，这种材料可以有效地吸收并转化二氧化碳，以减少温室气体的排放。在研究之初，读者可能会认为自己的想法是独一无二的。然而，当读者深入这个领域，可能会发现全球范围内有许多科研团队也在研究类似的主题。在这种情况下，读者需要密切关注这个领域的最新研究动态，例如，读者可以通过阅读相关的科研文章和报告来获取最新的研究成果和发展趋势。同时，读者也可以参加相关的学术会议和研讨会，通过直接和其他研究者交流，了解他们的研究方向和方法。这样，读者可以了解到自己的想法在全球范围内的研究情况，知道哪些问题已经有人在研究，哪些问题还没有人触及。

同时，读者需要准备随时调整自己的研究方向和方法。例如，如果读者发现已经有其他研究团队研究自己的想法，并且他们的研究已经取得一定的成果，读者可能需要考虑换一个角度或者方法来进行自己的研究。例如，读者可以考虑从二氧化碳的吸收方式、转化效率、安全性等方面进行研究，或者尝试研究如何提高这种环保材料的生产效率和降低成本。为了做到这一点，读者需要积极跟踪与自己课题相关的文章，特别是国外的科研成果，因为他们的研究往往有更多的资源和更先进的技术。同时，读者需要利用科研数据库，对自己的研究主题进行定期搜索，以确保不会错过任何一篇重要的文献。可以设置一些关键词，定期查看这些关键词的最新文献。

让文献来找你：善于利用数据库的订阅推送等功能，比如利用 PubMed 的 My NCBI 跟踪最新的科研成果（很多数据库都有类似功能，国内也有一些学术服务公司提供类似服务功能）。只需要简单的设置，就可以自动接收与设定主题相关的最新文献信息。下面就以"癌症免疫疗法"为例，详细解释如何使用 PubMed 的 My NCBI。

注册和登录 My NCBI 账号：首先，读者需要访问 PubMed 的网站。在页面的右上角，读者会看到"My NCBI"的链接，单击它进入。如果读者还没有 My NCBI 账号，需要单击"Register"进行注册。如果读者已经有账号，可以直接输入用户名和密码登录。

进行搜索并保存结果：在 PubMed 的搜索框中，输入搜索词"癌症免疫疗法"，然后单击"Search"。读者会看到与这个搜索词相关的文章列表。在列表上方，读者会看到一个"Create alert"的按钮，单击它。

设置搜索更新提醒：单击"Create alert"按钮后，会弹出一个窗口。在这个窗口中，读者需要对提醒进行设置。首先，为这个提醒取个名字，如"癌症免疫疗法研究"。然后在"How often"下拉菜单中选择希望接收更新提醒的频率，可以选择每天、每周、每月或者只在有新的结果时。在"Email updates to"框中确认自己的电子邮件地址。然后，单击"Save"按钮。

查看和管理提醒：回到"My NCBI"主页，读者可以在"My Saved Searches"部分查看和管理保存的提醒。可以随时更改提醒设置，包括更改提醒频率，编辑搜索词，甚至删除提醒。

这样，当有关"癌症免疫疗法"的新文献在 PubMed 上发布时，读者就会在设定的频率下接收到电子邮件提醒，这可以帮助读者实时跟踪相关领域的最新研究。

锚定期刊：无论在哪一个领域，高质量高水平的学术期刊都是值得密切关注的。读者锚定所研究领域的顶级期刊，定期浏览，不仅可以了解自己研究的最新进展，还能了解到整个大方向中其他分支的进展。科学研究常常是交叉和综合的，一个领域的突破常常能启示另一个领域。了解其他分支的进展，往往能为自己的研究带来新的灵感和思路。

举例来说，假设读者是一个研究英语历史语言学的学者，主要关注中世纪英语的发展，特别是词汇变化和句法演变。在浏览 *Language* 期刊时，读者发现了一篇关于日语在相同时期词汇变化的研究。尽管日语和英语是两种完全不同的语言，但这篇文章中提出的分析方法和研究框架对读者产生了启发。读者原本一直在尝试通过文本中直接的证据来研究词汇变化，而这篇文章则采用了一种统计模型，通过对大量文本的计量分析，来推测可能的词汇变化路径。这种新的方法让读者看到了问题的另一面，并在之后的研究中成功地将这种方法应用到自己的研究对象上。

再举一个研究语音学的例子，读者的研究重点是语音的生理和声学特性，特别是各种语音障碍的发生机理。读者在浏览 *Journal of Phonetics* 期刊时，偶然发现了一篇关于语音感知的神经科学研究。它揭示了大脑是如何处理和理解语音信号的，这对读者来说是一个全新的角度。读者开始思考：是否可以从神经科学的角度来理解和解释语音障碍的发生？这是否意味着可以开发出新的治疗和干预方法？在后续的研究中，读者将神经科学的理论和方法成功地引入自己的语音学研究中，极大地丰富了自己的研究内容和深度。

学术文献的价值不仅在于它能让读者跟上最新的研究动态，更在于它能开阔读者的视野，让读者看到别人的研究方法和思路，从而启发自己的新思想和新方法。无论读者的研究领域多么狭窄或专业，都应该保持对广阔知识世界的敬畏和好奇。

此外，定期浏览这些期刊还有一个重要的原因，那就是学习和模仿这些期刊上文献的写作风格和结构。一篇好的学术文献不仅要有新的研究内容，还要有清晰的结构和严谨的论证。阅读这些顶级期刊的文章，不仅可以学习作者的研究方法和思路，也可以学习作者表达自己的研究成果，完成一篇完整的学术文献的方式。

在定期浏览文献过程中，可以使用 RSS 订阅的方式，这部分的内容可以参考第六章，会以 Zotero 为例来介绍如何通过文献管理软件来订阅一本不断更新的期刊。

第五章

读文献需要的一些技巧

几乎所有的文献都是枯燥乏味的。读者刚开始阅读文献很可能会面临一个问题：读不懂。

1. 读不懂的首要原因是语言问题

对于不是以英语为母语的读者来说，当读者阅读或听说母语时，读者的大脑自然而然地理解了字词的含义和语句的结构，而不需要经过有意识的翻译或解析过程。然而，当读者处理第二语言时，读者往往会多一道转译的过程，这就降低了理解的效率，何况有的时候那些英文单词中还有不熟悉的词。

练习是唯一的途径。一些研究显示，大脑的语言处理机制是相当灵活的，可以适应不同的语言环境和需求。通过频繁地接触和使用英语，我们的大脑会逐渐适应这种新的语言环境，并开始像处理母语那样处理英语。

值得庆幸的是，大部分学术期刊并不要求作者使用复杂或者华丽的语言。实际上，大多数学术期刊更倾向于简单、明了、直接的表达方式。这是因为学术文献的目的是传播知识和信息，而不是展示语言的技巧或者才华。因此，大多数学术期刊更关注内容的质量和深度，而不是语言的形式或者风格。

因此，读者可以从词—句—段—篇四个层次来逐一解决学术文献的语言问题。首先解决"词"的问题。读者可以从中文学习经历中获得启示，难道读者是记住了所有的汉字才开始阅读文章的？换句话说，读者真的能认识所有的汉字吗？很显然，读者在阅读和使用语言的过程中不断学习和理解新的词。这种认识的过程是持续的，同样的道理也适用于英语。当遇到不熟悉的英语单词时，现代科技为我们提供了简便的方法——使用在线词典或翻译软件。

其次，如果读者在理解"句"的方面遇到困难，那么问题可能出在语法上。针对这个问题，可以去找专门讲语法的教程（去 B 站吧）。由于大多数学术论文的语法不会特别复杂，因此只需要对基本语法有一个全面的了解。即使读者只能找出句子的主语和动词，也可以大大提升理解能力。

再次，如果读者发现自己难以理解整个"段"的意思，先想一下是不是逻辑思维没能跟上。正如第二章所说的内容，学术文献的逻辑结构通常是很清晰的。这种结构化的方法有助于读者跟随作者的逻辑理解内容。如果读者觉得逻辑思维没问题，却还是看不懂，那么问题可能出在读者的专业知识上。读者可能需要补充相关领域的知识，才能更好地理解这些段落的意思。

最后，如果读者发现每段话都能读懂，但还是抓不住整篇文献的重点，那大概率就是读者没能带着目的去阅读。如何目的性地阅读文献，将在本章"二、阅读过程中的策略"部分详述。

记住，在阅读文献这一场景中，语言仅仅只是工具，哪怕只会哑巴英语也没关系，只要愿意投入时间和精力去学习和练习，一定能够掌握这个工具。

2. 读不懂的第二原因是专业词汇

无论是中文文献还是英文文献，专业词汇是无法避免的。这些词通常用来描述一个特定领域内的概念、理论或方法。然而，对于非专业领域的读者，甚至有时候是对于同一学科内的不同研究领域的读者，专业词汇都可能造成理解难度。问题出现在两个方面：一是单纯的专业词汇理解上，二是背后复杂概念和原理的理解上。

第一种情况的解决办法比较直接。查阅相关字典和参考书籍，或者使用在线资源搜索词的定义和解释。此外，许多在线学术数据库和期刊网站提供词的解释和注释，可以为读者提供辅助。实在无法找到满意答案，可以咨询同行或者导师。假设读者是一名生态学研究者，正在研究森林生态系统的结构和功能。在阅读相关学术文章时，读者可能会遇到一些学名，比如"*Quercus rubra*"。对于一个不熟悉植物分类学的研究者，这个学名可能会造成困惑，因为这并不是我们在日常生活中使用的名称。实际上，"*Quercus rubra*"是红橡树的学名，它是北美地区一种常见的橡树。对于这种情况，一个最直接的解决办法是查阅相关的植物学字典或在线数据库。这些资源通常会提供物种的学名和常用名，以及其他相关的分类信息。例如，美国农业部（USDA）的植物数据库和植物志都是非常有用的工具。通过查阅这些资源，读者可以迅速了解到，"*Quercus rubra*"实际上就是红橡树。

对于第二种情况，即理解复杂概念和原理，解决起来需要付出更多的时间和努力。这需要读者具备一定的专业背景知识，或者愿意花费时间去学习和理解这些背景知识。例如，读者在阅读关于基因编辑技术的文献时，可能需要花费时间去理解 CRISPR-Cas9这个技术的具体工作机制，而这需要读者去查阅相关的科普书籍，或者看一些在线的教程和视频。

3. 读不懂的第三原因是语言体系

学术语言和日常交流语言体系有着显著的差异。这种语言体系的差异其实不仅仅是学术系统独有的现象。读者可以发现，政府的政策性文件、《新闻联播》里的新闻稿件，甚至读者向好友和向长辈描述同一件事情时所用的语言体系都是不同的。

学术语言主要用于传达精确和具体的意思，强调逻辑性和严谨性，而日常交流语言更加简洁和直接，更加注重情感表达和信息的快速传递。加上上述的那些难懂的专业词汇，导致文献变得很难读。这种情况在不同领域中展现的难度是有差异的，一般来说，研究的领域和方向越接近现实应用，就越好读，但那些纯理论的领域，读起来就有那种"每个字都认识，但连在一起就不认识了"的感觉。

在所有的文献类型中，专利的语言体系又有别于其他的文献类型，主要原因在于目的不同。学术文献的主要目的是传递和分享知识，强调开放和透明，而专利则是为了保护发明，强调独特性和保密性。因此，专利的语言往往更加正式和详细，需要详细描述发明的所有方面，包括发明的背景、目的、实施方式和优点等，这使专利的语言体系更加复杂和难以理解。同时，为了保护发明的独特性，专利的语言往往需要使用一些特别的表述方式和术语，这也增加了阅读的难度。

想要消除语言体系带来的隔阂，无它，唯眼熟尔。

一、恶补基础知识

无论读者是一名刚接触学术的新研究生，还是一名转变课题的研究者，第一时间都需要恶补专业知识。这是因为科学知识在不断地积累和深化，随着我们对世界理解的不断深入，各个领域都会变得越来越专业化，而你做的课题往往是一个细分领域中的一个小点。就像医学中的各种专科医生一样，你需要针对自己的研究方向进行深入的研究和理解。这个时候你所要掌握的并不是本科时期那种特别大领域的教材，比如《大学物理》《大学化学》《社会学》，而是要针对自己的课题**寻找那些更加细分领域的专业书籍**。

假设你的研究课题是"利用深度学习技术提升自然语言处理的性能"，那么伊恩·古德费洛（Ian Goodfellow）等编写的《深度学习》（这本书详尽地介绍了深度学习的基础知识和最新的进展），詹姆斯·马丁（James H. Martin）和丹尼尔·朱拉夫斯基（Daniel Jurafsky）编写的《自然语言处理综论》[这本书是自然语言处理（NLP）领域的权威教材，提供了大量 NLP 基础理论和应用方法]以及约阿夫·戈德伯格（Yoav Goldberg）编写的《基于深度学习的自然语言处理》（这本书专门讨论了如何在 NLP 问题中应用神经网络和深度学习技术）就是三本不错的专业书。

假设你的研究课题是"探索疾病遗传学在精神分裂症研究中的应用"，那么斯德芬·格拉特（Stephen J. Glatt）等编写的《一书读懂精神分裂症》（这本书专门针对精神分裂症，包含了疾病的最新研究进展，包括病因学、遗传学和治疗方法等），托马斯·盖莱哈特（T. D. Gelehrter）等编写的《医学遗传学原理》（这本书提供了医学遗传学的基础知识）以及迈克尔·路特（Michael Rutter）爵士编写的《基因与行为》（这本书讨论了遗传学与行为之间的关系，包括精神疾病的遗传机制）是三本不错的专业书。

这些专业书是对特定学科领域中核心基础知识的积累和总结。它们详细阐述了基本概念、原理和公式，使我们可以全面、深入地理解这个领域。就像建筑的基石一样，为进一步的深入研究打下坚实的基础。这类细分的专业书籍也包含了全面的框架，可以引领你探索特定领域的各个角落。此外，这类专业书和学术文献不同，里面的知识几乎都经过了严格的学术检验，其内容既稳定又可靠（学术文献中的内容不一定可靠）。书中所包含的理论、实证研究或案例分析，都经过精细的筛选和多次验证，因此，它们不仅可以被复现，而且具有广泛的适用性。

阅读这些专业书时，建议读者不必一开始就深入理解每一个细节，毕竟此时的目的并不是读完之后去应付考试。你可以先速读一遍，对全书的大体框架和主要内容有一个整体的把握。对于暂时不懂或者比较复杂的部分，你可以做个标记，待到需要用到或有更多时间时再详细研读。

那么这些专业书应该读英文还是读中文的呢？很明显，读中文的专业书容易得多。如果读者的英文水平有限，阅读中文版本的专业书会更快更准确地理解复杂的专业知识。许多中文版本的专业书在翻译过程中会加入一些对中国读者更友好的解释，这可以帮助你更好地理解和应用这些专业知识。但也有可能会因为翻译的质量不高，导致你误解原作者的意图（学术书的译者不总是这个领域的从业者）。此外，阅读中文专业书无法让你尽快地熟悉研究领域的专业词汇。如果你狠狠心啃下了一本英文专业书，那么相信看文献时就不会时不时被不认识的专业词汇所困扰。

恶补专业知识除了寻求专业书之外，**博士学位论文也是一种极好的选择**。首先，你应当挑选出与你的研究领域密切相关的博士学位论文。避免选择硕士论文，因为相比之下，博士论文在系统性和深度方面通常会更胜一筹。作为开始，你可以挑选十篇博士学位论文进行深入研究。针对中文论文，你可以在中国知网或者万方数据库等平台下载，而对于外文论文，你可以选择 ProQuest 等数据库（详细的数据库信息可以参考附录 5）。

选择时应尽可能选择较新的博士学位论文，因为它们能更好地反映该领域的最新研究动态和发展趋势。你应主要关注这些论文中的"综述"和"研究方法"两部分，这两个部分通常会包含该领域的主要研究现状和常用的研究方法，对你的研究将有巨大的帮助。相比专业书籍，博士论文的优点在于其焦点更为明确，能够更直接地服务于你的研究。例如，假设你正在研究纳米材料在能源领域的应用，一篇这个领域的博士论文可能会提供你所需要的具体研究方法，而一本专业书籍可能只是大体介绍纳米材料的性质和应用。此外，你在阅读博士论文的过程中会频繁遇到一些专业术语，这对你之后的文献阅读也有所帮助。你将更熟悉这些词，从而在之后的学习过程中更加游刃有余。

如果你还在求学过程中，十篇博士论文的阅读将让你了解要成为一名合格的硕士生或博士生，自己的课题需要达到怎样的程度。这种对标准的清晰认识能让你更好地规划自己的研究。

恶补专业知识的第三个途径是全面综述（Comprehensive Review），就是那种五十页以上，甚至多于一百页的大综述。本书在第二章中已经对比不同综述的差异。大综述会对特定研究领域的历史、现状和未来发展进行全面、深入的探讨。这样的文献会让你迅速了解这个领域的主要研究主题、核心问题，以及该领域的前沿和热点。

大综述除了告诉你来龙去脉之外，通常会介绍多种研究方法和技术，并探讨它们的优缺点。这对于你设计自己的研究方法，选择最适合自己课题的研究工具和技术非常有帮助。这类综述还会指出当前研究中的缺口和未来的研究方向。这对于你确定自己的研究课题，找到一个值得研究的问题也很有意义。

但大综述不好读，而且很多时候不能按照研究文献的策略去速读，只能一字一句地啃。此外，大综述不会像专业书籍和博士论文中的综述那样写不少领域内的基础知识，而是在简单的开篇后就直接呈现密集的研究信息。因此，大综述是恶补专业知识中的进阶版，是你走出新手村之后在面对第一个 BOSS 战之前更换装备的过程。

二、阅读过程中的策略

文献阅读有一个终极定律，那就是带着目的和问题去阅读。明确自己的阅读目的是至关重要的一步。这不仅能帮助你有效地锁定需要的信息，而且能大幅提升阅读的效率。根据不同的目的，你的阅读策略和重点也会有所不同。

如果你的目的是了解某个特定领域的基本概念、发展历程，以及当前的研究热点和趋势，那么你可能需要重点阅读文献的引言部分。

如果你在进行实验研究，但遇到了困难，需要找到特定的实验方法或技术，那么你应该专注于阅读文献的材料和方法部分。

如果你对某个具体的研究结果非常感兴趣，或者你需要找到一些证据来支持你的假设，那么你应该深入阅读结果部分和讨论部分。

如果你在寻找新的研究灵感或者对某篇文献的某个论点有疑惑，你可能需要专注于阅读讨论部分。这部分通常会包含作者对实验结果的解释和理解，对未来研究方向的推测，以及对现有问题的讨论。这些信息可能会帮助你生成新的研究思路，或者解决你对文献的疑问。

当你心中有了阅读的目的，可以尝试以下两种阅读策略。策略

1 适用于你对研究领域还不是很熟悉时进行入门，策略 2 则更适用于你已经对某一领域有所了解后的快速阅读。

策略 1

（1）查看发表日期：了解研究的发布日期可以帮助你确定是否是最新的研究成果，是否有后续研究。

（2）阅读摘要：获取论文的概要。摘要通常总结了研究的原因、调查的主题、主要发现以及对这些发现的解释和结论。这是在详细阅读之前获取研究概要的好方法。

（3）浏览论文的所有部分：在浏览的过程中做记录，对于不确定的词查明其含义。你可以使用键盘上的"Ctrl+F"来快速搜索缩写词首次出现的地方，获取其完整的意思。

（4）阅读引言：仔细阅读引言部分以获取关于主题的背景信息，包括研究者在这个领域做了什么，以及为什么作者决定进行这项研究。如果你对主题不熟悉，可以在这个部分花更多时间。同时，如果你想了解更多信息，可以阅读引言中引用的参考文献。

（5）确定本论文在该领域中的定位：明确这个领域试图解决的大问题，将帮助你理解这项工作的影响以及进行这项工作的原因。

（6）阅读讨论部分：这部分将让你了解论文的研究结果。你可以在这个过程中记录论文的主要发现并写下你的问题，这样你可以在阅读论文的其他部分时找到答案。

（7）查看结果和方法部分：方法部分通常是论文中最具技术性的部分。你可能需要多次阅读这个部分，以全面理解过程和结果。

（8）写下研究的简洁总结：为了便于记忆或者以备将来引用，对论文进行简短的总结。可以回答以下问题：研究调查了什么？为什么要进行这项研究？发现了什么？这些发现是否不寻常，或者它们是否支持该领域中的其他研究？这些结果有什么影响？为了回答任何进一步的问题，可能需要进行哪些实验？

策略 2

（1）阅读标题和摘要：标题和摘要可以给你提供论文的关键概述。最重要的是，它们可以告诉你是否有必要继续阅读整篇论文。而且，查看摘要不需要访问文献数据库，这样可以节省时间和金钱。

（2）跳过引言：引言主要是提供背景信息，如果你已经熟悉相关文献，可以快速浏览或跳过这部分。如果你在阅读论文的主体部分后还有时间，可以回头再读引言。在引言部分，你要确认引用的文献是否是最新的，作者是否只引用了综述文章或原始研究文章，是否遗漏了关键的文献。

（3）扫描方法：除非你在研究新的产品或技术，否则不要过于深入地研究方法。除非论文详细介绍了一种特别新颖的方法，否则只需简单浏览即可。然而，不要完全忽略方法部分，因为所使用的方法将帮助你判断结果的有效性。你应该将方法与结果联系起来，以理解作者已经做了什么。这一点应该在审查图表时完成，而不是孤立地阅读方法部分。

（4）关注图表：如果你想有效地阅读一篇科学论文，那么你应该在结果部分花费大部分时间。这是因为结果是论文的核心内容，没有结果，论文就没有意义。如何"阅读"结果非常重要，因为尽管作者可能会描述结果，但你需要查看结果并确认变化确实显著。虽然我们希望作者不夸大他们的结果，但这种情况很常见，毕竟学术论文也是一种宣传行为。在这一步中，不要忘记查看支撑材料中的图表（如果有），一些最重要（但可能不太引人注目）的结果通常可以在那里找到。这并不是建议你避免阅读结果部分的文本，而是不要把作者的陈述当作唯一答案。有时候"一图胜千言"，你的任务是确保图表与作者的陈述相符。

（5）详读讨论部分：讨论部分很重要，可以帮助你确定是否已理解结果和整篇论文的内容。由于讨论部分将论文的结果整理成一个故事，并帮助你理解它们，因此值得比引言部分花更多时间阅读。你应该警惕作者过分夸大其工作的重要性，并根据自己的判断确定他们对所展示内容的断言是否与你的观点相符。一个好的方法是总结论文的结果，并展现出它们与更广泛的文献相吻合，以概括整体结论及其在当前研究领域中的位置。在阅读完讨论部分后，你可以问自己以下问题：你是否同意作者对结果的解释？结果是否与更广泛的文献相符？作者是否客观？作者是否评论了相关文献，并讨论了他们的数据与更广泛文献之间的不一致之处？是否还有未回答的问题？

（6）归档：花一些时间将你阅读过的论文进行归档，将在将来节省大量时间（与入门级策略 1 相同）。

三、精读的方法

重点文献是需要精读的，目的是把文献中的内容真正消化掉，转化成自己可以运用的东西。网络上有把文献精读分成三种不同类型，分别是验证型阅读、挑刺型阅读和总结归纳型阅读。

1. 验证型阅读

验证型阅读是一种非常有效的阅读策略，能显著提升我们的思维能力和理解水平。这种策略的核心就是扮演模仿者的角色，借鉴优秀文章中的结构、逻辑和表达方式，然后在实际应用中尽可能地复制这些优秀的元素。

假设你手上有一篇论文，题目是"气候变化对海洋生态系统的影响"。这是一篇具有深度的科学研究论文，你首先选择不立刻深入文字内容，而是把目光聚焦在文章的图表数据上。你可以看到，一些表格列出了不同年份的海洋温度数据、浮游生物数量，以及其他相关的生态指标。同时，文章中也包含了一些图表，比如气候变化和海洋生物多样性的关系图，以及全球气温变化的趋势图等。

接下来，你要试着基于这些图表数据去构思一篇文章。在这个过程中，你可能会想到一个主题——全球变暖正在改变海洋生态系统，然后设想一个结构——首先引入全球变暖和海洋生态系统的背景，然后详细解释你的研究方法，展示你的研究数据，最后解释数据的含义，提出你的观点和结论。在构思完毕之后，你再开始阅读文章的全文。此时，你发现作者实际的写作方式和你设想的有所不同。例如，作者可能先引入一段具体的海洋生物受到威胁的例子，以此引出全球变暖的问题。然后，在详细阐述数据和结果之后，作者可能还对未来可能的改变进行了预测，增加了论文的深度。

在反复比较你的设想和作者的写作之后，你可以学到很多有价值的经验。比如，你学到了如何利用具体的例子引起读者的兴趣，如何将数据和实际问题联系起来，以及如何对未来进行合理的预测。这些都是你在学术研究和未来写作中可以借鉴的重要元素。

2. 挑刺型阅读

挑刺型阅读是一种需要对文章进行深度分析和思考的阅读策

略，这时，你要扮演一个评论者的角色。这种阅读方式不仅需要对文章的内容有深入的理解，还需要具备批评和评价文章的能力。挑刺型阅读，像其名字一样，就是去找出文章中的不足之处，然后对其进行深度的分析和批评。这种阅读方式需要有高度的洞察力，能看到作者可能忽视的问题，并且对这些问题有深入的理解。

假设你阅读的是一篇关于生物科技领域的文章，主题为"基因编辑技术 CRISPR 在农业中的应用"。这篇文章详述了 CRISPR 技术如何有效提高作物的耐旱性和抗虫性。如果你以评论者的身份进行挑刺型阅读，首先，你会理解和消化文章的主要内容。接着，将对文章进行更深、更远的观察，尝试找出可能的不足之处。例如，作者可能过于乐观地看待 CRISPR 技术在农业中的应用，没有考虑到可能带来的潜在生态风险，比如改变植物基因可能对其他生物产生影响，或者可能引起新的病虫害。进一步，文章可能没有详细讨论使用 CRISPR 技术可能面临的道德和伦理问题，例如，这项技术可能被滥用，用于非法或不道德的目的。或者，文章没有讨论到法律环境对于 CRISPR 在农业中的应用的限制和挑战。此外，我们还可以从文章的写作结构和逻辑上找出不足之处。例如，文章的论证不够充分，数据不够有效和可靠，作者对数据的解读不够准确，文章的逻辑结构不够清晰，等等。

通过这种深度的挑刺阅读，你不仅理解了文章的主要内容，也发现了文章的潜在问题和不足。更进一步，你还可能得到新的研究灵感或者思路。例如，针对上述发现的问题，你可能会想到一个新的研究主题——如何评估并减少 CRISPR 技术在农业应用中可能带来的生态风险，或者，如何建立有效的法律环境来保障 CRISPR 技术在农业中的安全和合理使用。一些学术期刊经常会发布评论性的短文，这些文章就是对新发表的研究进行挑刺型阅读的结果。这些评论性短文通过对新的研究进行深度分析和批评，帮助读者了解这个领域的最新研究动态，也可以揭示新的研究领域或者新的研究问题。

3. 归纳总结型阅读

归纳总结型阅读是一种更高阶的阅读方式，此时，你需要扮演的是一个宏观视野下的专家角色。这种阅读方式不再局限于对单篇文章的理解和评论，而是需要将多篇文章，甚至一个领域的研究整体进行深度的思考和总结。这种阅读方式的目标是理解和把握整个领域的研究现状，找出研究的发展趋势，并且对这些趋势进行合理且准确的预测。

假设研究主题是"近二十年来中国城市化进程的研究"。在进行归纳总结型阅读时，你不仅需要阅读多篇有关中国城市化进程的论文，还需要对这些论文进行深度分析和归纳。你需要深入理解每篇论文的研究方法，探寻它们的优势和不足，尤其要关注这些研究方法在中国城市化背景下的特殊应用和局限性。此外，你还需要对比这些论文的研究结果，发现它们的异同，揭示这些结果对中国城市化研究及实践的重要启示。更重要的是，你要尝试从更高的角度去看待这些研究，进行归纳性思考，掌握中国城市化进程的发展脉络，找出其中的主要问题、挑战和发展趋势，比如城乡差距、户籍制度的影响、生态环境的压力等。并且，你需要针对这些问题预测未来发展趋势，例如，随着技术的发展和政策的调整，中国城市化进程可能会产生哪些新的变化？新型城镇化战略如何影响中国的城市化进程？

虽然每个人都可以进行总结，但是要进行到位的总结，并且对发展趋势进行合理且准确的预测，却需要具备高度的专业知识和深度的思考能力。这通常需要经过长时间的学习和研究，对于刚刚接触研究的学术新人来说，可能很难达到这样的水平。然而，这并不意味着你就不能进行归纳总结型阅读。事实上，每个人都可以尝试按照这种思维方式去阅读和理解文章。在不断的实践中，你会逐渐提高阅读能力，加深对整个领域的理解。

四、学会记笔记和写总结

与他人交谈时，我们经常会有一些感觉快要说出口的想法，但却无法在大脑中回忆起来。尽管人脑具有惊人的能力，但也存在一定的局限性。我们要认识到人脑的局限性，认识到记忆容量是有限的，这有助于我们理解自身的局限性。因此，构建一个笔记/知识信息系统，可以弥补人脑的这种局限性，将笔记系统作为我们的第二大脑。

每次研究论文都需要经历烦琐的检索、下载和阅读过程。当我们阅读了许多文献之后，可能想要找回曾经提到的某篇文章中的一个好方法，却发现在电脑中的文献文件夹中无法找到所需的文章。在这种情况下，如果我们对重要文献记笔记、写总结，将非常有用。

记下笔记后，我们可以随时查看文章的重要内容，而不必重新阅读几十页的文章，从而节省时间和精力。此外，记笔记还可以教会我们如何阅读文章。如果我们清楚地知道哪些内容应该记在笔记中，哪些内容可以不记，那么我们逐渐就会知道在阅读文章时应该重点关注什么，略过什么。此外，当需要引用文献时，我们也可以信手拈来。笔记按主题分类和管理，可以大大提高写作时的引用效率。

现在，不再推荐使用手写笔记的方式进行记录。虽然这种方式可能有助于形成更深刻的记忆，但不利于后续的筛选和查找。目前，文献基本上以 PDF 格式存在。在泛读时，我们可以直接在 PDF 阅读器上进行高亮标注，并添加少量的评论。如果在阅读时需要整理和记录作者的思想和结论，我们可以一边阅读，一边使用软件编写相应的笔记，如果需要插入图片，也可以进行截图和剪贴。在平时要好好管理标签和分类，这样以后需要回顾笔记时就能轻松找到所需内容。

另外，根据自己的研究课题，我们可以维护一个核心文献列表，列出与研究高度相关的文献。这可以是一个列表，也可以是按子问题分类的多个列表。

我们可以单独使用一个文件（例如 Excel 文件）整理这些资料，也可以利用文献管理工具的一些功能来对文献进行标注和总结。另外，我们还可以单独使用笔记软件来实现这个目的。这类软件还可能具备其他实用功能，例如 Obsidian 可以通过内链或关键字将文档与文档相连接，并生成连接网络图。

一个可以借鉴的论文笔记框架：

1. 文章标题

2. 年份／期刊／作者

3. 总结（在记完笔记其他部分后最后填入，概述文章的内容，以后查阅笔记的时候先看这一段。这部分需要经过自己的思考，用自己的语言描述，不要复制原文内容）

4. 研究目的（作者的研究目标是什么？）

5. 背景及问题（作者需要解决的问题是什么？）

6. 方法（解决问题的方法是什么？是否基于前人的方法？基

于了哪些方法？）

7.流程（重要的仪器、算法、数据集等，最重要的结果，建议在简单描述后插入关于结果的图表截图）

8.其他（不在以上列表中，但需要特别记录的笔记）

9.文献（与这篇文献重点相关的文献，可以用于追踪和延伸阅读）

10.分类（按照你研究的方向和感兴趣的方向分类，便于分类查找）

拿笔者的文章举个例子：

1.文章标题

Embedding leaf tissue in graphene ink to improve signals in electrochemistry-based chemotaxonomy

2.年份 / 期刊 / 作者

2018, Electrochemistry Communications，傅力

3.总结

该论文介绍了一种利用石墨烯墨水嵌入植物叶组织的方法，以提高电化学信号，从而在基于电化学的化学分类学中实现植物的识别。通过该方法，可以记录植物组织中的电活性化合物的信息，并通过多维模式识别成功建立植物识别模型。研究结果显示，记录的"电化学指纹"提供了有价值的分类学信息，展示了该技术在植物化学分类学中的巨大潜力。

4.研究目的

开发一种简单、高灵敏度的电化学方法，用于记录植物组织中的电化学行为，并基于这些数据实现植物的化学分类学。

5. 背景及问题

植物分类学中的物种鉴定和分类存在一定的局限性，传统的形态学方法无法在野外快速鉴定植物。现有的基于电化学的化学分类学方法虽然具有潜力，但由于电极材料的限制，分析性能受到限制。

6. 方法

将植物叶组织嵌入商业石墨烯墨水中，并将其沉积在印刷电极表面。利用石墨烯墨水的优异电化学性能，大大提高了植物组织中电活性化合物的电化学信号。通过方波伏安法记录了植物组织的电化学行为，并使用多变量化学计量学分析方法进行模式识别和植物识别。

7. 流程

重要的仪器和方法包括商业印刷碳电极、石墨烯墨水、方波伏安法、多变量化学计量学分析。作者使用了五个石蒜属植物作为样品，记录了它们的电化学行为，并进行了模式识别和植物识别。

8. 其他

论文提到的石蒜属植物 *L. straminea* 的亲本关系存在争议，但作者的数据支持 *L. chinensis* 是其亲本之一。

9. 文献

New J Chem, 39（2015）7421；Anal. Bioanal. Chem., 408（2016）4943；Analytical Methods, 9（2017）2041；Phytochemical Analysis, 28（2017）171

10. 分类

电分析化学；植物分类学

五、笔者的一些心得

在学术阅读的道路上，笔者感受到的是一种融合了好奇、兴奋与迷茫的情感。从那密布的术语和文字中，我试图捕捉知识的微光。然而，学会驾驭学术文献并不是一蹴而就的技能。在这里，我想分享一些我个人在阅读和理解学术文献方面的心得体会。这些并不是逻辑严密的规则，而是我从实践中汲取的经验，希望能对你掌握阅读学术文献的技巧有所启发。

1. 集中阅读

你应该把阅读文献的时间集中起来，而非分散在各个时间段进行。当你连续、集中地阅读一批相关文献，比如在一周内把一个主题的所有相关文献全都读完时，你更有可能把这些信息关联起来，形成一个清晰、连贯的整体印象。在阅读的过程中，你可以逐渐建立起这个领域的知识体系，识别出主题之间的关联和区别，有助于对该主题进行更深入的理解。

假设你正在研究关于全球气候变化的主题，如果你把阅读所有相关文献的任务分散在一个月的不同日子里，你可能会在阅读第二篇文章时，已经忘记第一篇文章的部分内容。然而，如果你选择在一两天内将这些文章全部阅读完，这些信息仍然是新鲜的，更容易在你的脑海中形成一个统一和连贯的全球气候变化的概念和知识体系。

此外，将文献阅读时间集中起来还可以避免反复进入和离开学习状态所带来的时间浪费。人们通常需要经过一段时间才能进入深度学习状态，如果频繁被打断，就需要花费额外的时间重新进入这种状态。就好比阅读一本书，我们往往在连续阅读几章之后才真正沉浸其中，而频繁地中断阅读则可能让我们无法深入理解内容。

尽管看过的内容总会有遗忘，但集中阅读可以最大限度延缓这个过程，让我们在遗忘来临之前就把各个部分的信息串联起来，形成完整的理解和记忆。因此，集中时间看文献不仅可以提高阅读效率，也有助于深化理解和记忆。

2. 调整心态

看文献很难成为一种快乐的体验，因此你要时刻注意自己的心态，它会极大地影响你看文献的效率。初入一个新的研究领域时，你可能会面临大量的未知和陌生概念，这是完全正常的，因此我们不应该期望自己能立即快速地理解所有的内容。实际上，在开始阶段，如果你在一两天内阅读并理解一篇文献，那已经是非常快的进展了。

3. 比较阅读

对于同一主题的不同论文，你不应该独立看待，而应该放在一起比较阅读。相对立的观点，会让我们看到问题的多面性，也可能会激发我们的思考。比如，关于全球气候的变化，有的研究者可能认为是由人类活动导致的，而另一些研究者可能会坚持认为这是自然的地球周期性变化。读者通过比较这两种相反的观点，可以获得一个全面的视角，理解这个问题的复杂性，并在此基础上形成自己的观点。

除此之外，在阅读文献的同时，也要看看其他专家对该文献的述评和读者的质疑。这样可以帮助我们从多个角度理解原著的内容，并了解其他人对于原著的看法，比如可能存在的问题、可改进的地方等。这也可以帮助我们找到自己与他人的差距，从而提升我们的研究能力。

在对比阅读中，有时你会发现一些有趣的现象，比如一些作者将同一份科研数据写成两篇有相似主题但有些许不同的论文（并不是重复发表），或者在前一篇论文的基础上做出新的发展和变化。这对于你来说是一种福音，特别是你的研究主题与这些论文相似的话。比如，你可能在研究某种药物的作用机制，突然发现两篇研究同一种药物，但从不同角度探讨的论文。通过深入比较这两篇文章的内容，你可以看到作者（或科研小组）对同一组数据的不同解读，了解他们思路的演变过程，甚至可能发现他们想要隐藏的"真正"的研究方法。

事实上，学术领域并没有想象的透明，许多技术含量高的文献，并不会将所有重点一一道出。以制药领域的研究为例，一篇关于新药配方的专利可能会列出多个药物的组合，每个组合的配比都有所不同。而类似的专利可能会有多篇。此时，你可以将这些文献放在一起，比较它们的数据，找出它们的共同点，比如都使用了同一种活性成分，或者配方中都包含某种特定的辅助成分等。通过这种比较，你就能找到这个领域的关键技术，从而对自己的研究有所启发。

4. 入门时避开顶级论文

初涉一个新的研究领域时，并不建议直接阅读如《自然》《科学》等顶级期刊的文章。这些顶级期刊的文章通常希望向读者展示一个领域内最新的研究成果，因此，它们往往省略了大量的基础知识和详细的实验过程，而更专注于展示结果和讨论其科学意义。如果你没有扎实的知识基础，理解这些文章中的科学观点和发现可能会变得相当困难，这可能让你感到困惑和沮丧。假设你刚开始研究神经生物学，并对神经退行性疾病，如阿尔茨海默症产生了浓厚的兴趣，你可能会被引向一篇发表在《自然》上的文章。这篇文章讨论了新发现的一种降低阿尔茨海默症发病风险的基因突变。然而，这篇文章的内容可能会令你感到困惑，因为它假定读者已经深入理解该领域的基础知识，例如，已经熟悉各种神经递质、淀粉样蛋白、抗体治疗等专业术语和概念，同时还对基因编辑技术如 CRISPR 有所了解。另外，文章可能还提及了复杂的实验过程和多种生物统计分析方法，如群体遗传学分析，但并未详细解释这些技术和过程的具体内容和原理。对于初入这个领域的你，没有足够的背景知识，要完全理解这样的文章是非常具有挑战性的。因此，如果你刚开始接触神经生物学和阿尔茨海默症的研究，你可能会更愿意先阅读一些专业书，然后逐渐过渡到更具体的详细描述实验设计、实验过程、数据分析等的专业论文，最后再去挑战如《自然》这样的顶级期刊的文章。

5. 理论结合实践

虽然这本书的主题是关于如何阅读并理解学术文献，然而，它同时强调了理论学习和实践操作的紧密结合。只有亲自动手实验，亲身体验数据分析的过程，亲自跑模型，并且使用相关的软件，你才能深刻地理解和掌握文献中的内容。在很多情况下，你可能觉得你已经通过阅读理解了某个理论或方法，但当你实际操作时，你可能会发现事情的真相并不是你想象的那样。

设想你正在阅读一篇关于深度学习算法的论文。论文中详细介绍了该算法的理论基础、模型结构和优化策略。尽管你可能觉得自己已经完全理解这篇论文，但当你实际编写代码、训练模型时，你可能会发现有很多对模型的性能有着重大影响的实现细节，比如参数调整和模型优化，原文并没有详细说明。在我熟悉的分析化学领域，一篇化学实验的论文看上去已经详尽描述实验步骤和结果分析，你可能认为自己已经完全掌握这个实验。然而，当你亲自进入实验室，操作实验仪器，进行化学反应时，你可能会发现，实验过程中有许多微妙的变化和可能出现的问题，比如温度控制、反应时间等，这些都会影响到实验结果。

6. 不追求字字看懂

在阅读学术文献时，你可能会遇到一些复杂的词或者专业术语，然而，你并不需要每一个词都完全理解。尤其是那些修饰词和副词，比如"substantially"（实质上），"remarkably"（显著地）或者"presumably"（大概）等，这些词在很多情况下，对理解整个句子的意思并没有那么关键。阅读学术文献的目标应该是理解主要观点和关键信息，而不是深究每一个词的精确含义。整句话的大致意思能懂，你就已经成功获取文献的关键信息。例如，你在阅读一篇关于生物化学的论文时，遇到了这样一句话："The significantly enhanced catalytic activity presumably results from the substantially increased surface area of the nanostructured catalyst."虽然这句话中的"significantly""presumably""substantially"等修饰词可能使句子显得更加复杂，但是即使你对这些词的具体含义不是非常明了，你依然可以理解这句话的基本意思：纳米结构催化剂的表面积的显著增加可能导致催化活性的显著提高。

第六章

借助工具，提高阅读效率

在信息爆炸的时代，获取文献变得前所未有地便利，然而，有效地消化、整理和利用这些文献却成为一个巨大的挑战。常规的阅读作为获取信息和知识的重要手段，扮演着不可或缺的角色。然而，仅仅阅读并不能满足学术领域快速发展的需求。因此，如何在有限的时间内高效地阅读文献，成为迫切需要解决的问题之一。

本章的主旨是通过借助各种工具，提升阅读效率，从而更好地应对信息时代的挑战。这一章将探讨文献管理软件、思维导图软件、生成式 AI 辅助阅读以及文献分析软件等工具的应用，帮助读者更加智慧地阅读和运用所获文献以及其中的知识。

文献管理软件作为信息整理的得力助手，不仅能够帮助读者收集、分类和管理各类文献资源，还能够轻松生成引用和参考文献。通过文献管理软件，读者可以摆脱烦琐的手动整理流程，将更多时间专注于深入的阅读和思考。

思维导图软件则能帮助读者更好地理清思路、串联观点。当面对大量杂乱的信息碎片时，思维导图软件能够将这些碎片有机地组织起来，形成清晰的知识结构。借助思维导图，读者可以更快速地抓住核心概念，从而更高效地理解和记忆所读内容。

生成式 AI 辅助阅读是近年来人工智能领域的一大突破。通过训练有素的 AI 模型，读者可以获得更准确、更快速的文本摘要、翻译，甚至是问题解答。这不仅加速了信息获取的速度，也为读者提供了更多交叉验证的机会，从而更全面地理解文本背后的含义。

文献分析软件则是帮助读者更深入地理解文献内涵的得力工具。它们能够进行文本挖掘、关键词分析以及主题识别等，发现潜在的研究趋势和知识盲点。通过文献分析软件，读者可以从更高的维度审视文献，为阅读提供更具深度和广度的思维。

一、文献管理软件

文献管理软件是一种用于收集、整理、检索和管理学术文献的工具。它可以帮助你快速收集和整理各种学术文献，通过自动化的检索和导入功能，你可以轻松获取大量的文献信息，并将其整理成清晰的文献库。文献管理软件提供了强大的检索功能，你可以通过关键词、作者、标题等信息快速定位到所需文献。同时，软件还可以根据你设定的筛选条件，对文献进行自动过滤和排序，帮助你快速找到最相关的研究成果。

文献管理软件通常提供了方便的阅读和标注功能。你可以在软件中直接打开文献文件，进行高亮、批注、书签等操作，方便后续的阅读和参考。此外，一些软件还支持导出文献摘要和引用信息，方便用户写作和引用参考文献。

文献管理软件与写作软件（如 Word、LaTeX）的集成，能让你方便地插入引用和生成参考文献列表。你可以通过软件提供的插件或扩展，将文献库中的文献信息直接导入写作软件，避免烦琐的手动引用和格式调整过程。

文献管理软件自然有学习的门槛，但不高，学会后可以节省大量的时间和精力，更加高效地完成文献收集、文献回顾和写作工作。一般来说，Noteexpress、Endnote、Citavi、Mendeley 和 Zotero 是用户数量较多的文献管理软件。如果你阅读的都是中文文献，那么 Noteexpress 可以是你的选择。它是一款国产软件，因此对于中文文献适配性很好。如果你需要阅读英文文献，Mendeley 和 Zotero 是两款非常好的软件，而且它们免费。

这些文献管理软件虽然在细节上有所差异，但几乎每一款都已经具备基本的功能。这里我就以个人用得最顺手的 Zotero 软件为例，通过官网的指南来展示文献管理工具在文献阅读中的应用。

1. Zotero 的基本操作

Zotero 的安装可以在以下网址找到，支持 Mac、Windows 和 Linux 操作系统：https://www.zotero.org/download/。

Zotero 的操作页面如图 6-1 所示。

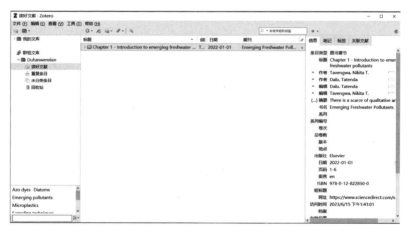

图6-1　Zotero的操作页面

以下为 Zotero 的基本使用信息。

（1）如何打开 Zotero？

Zotero 可以像其他程序一样，从操作系统界面的图标或文件管理器中打开，如图 6-2 所示。

（2）Zotero可以整理哪些文献资料？

Zotero可以用于整理不同类型的文献资料，选择类型中包含报纸文章、博客帖子、期刊文章、图书、图书章节、百科条目、报告、标准、播客、采访稿、词条、地图、电视广播、电台广播、电影、电子邮件、法案、法律、会议论文、即时消息、论坛帖子、软件、视频、手稿、数据集、司法案例、听证会、文档、信件、学位论文、演示文档、艺术品、音频、预印本、杂志文章、专利，如图6-3所示。

图6-2 打开Zotero

图6-3 Zotero可以整理的
文献资料类型（部分）

（3）单一文献资料包含哪些信息？

选中单一文献后，Zotero 在右侧会出现该文献的详细信息，包括标题、作者、编辑、摘要等引用条目所需的任何数据，如图 6-4 所示。

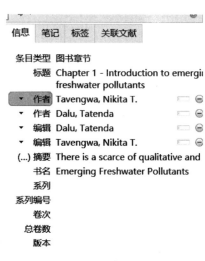

图6-4　单一文献资料包含的信息

（4）如何新建分类？

如图 6-5 所示，左侧窗格包括"我的文库"，其中包含库中的所有文献条目。右击"我的文库"或单击左侧窗格上方的"新建分类"按钮可创建一个新集合。一个集合中可以放置与特定项目或主题相关的项目。文献条目归入某个集合时，并不是以复制的形式进入每个集合。也就是说，Zotero 的集合不像 Windows 的文件，而更像歌单的形式，一首歌可以加入不同的歌单。但是对于不同文库，文献条目则是通过复制的形式从一个文库到另一个文库中。也就是说，文库更像曲库，不同曲库的歌曲需要复制。

图6-5　Zotero中建立分类

（5）如何给文献打标签？

在文献右侧的标签栏可以为文献打上标签，如图6-6所示。标签由用户命名。标签筛选器位于Zotero的左下角，其显示了当前分类中所有条目所包含的标签。

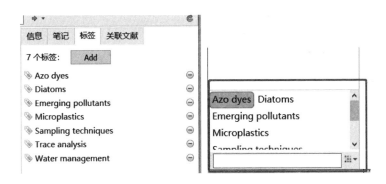

图6-6　给文献打标签

（6）如何在Zotero中搜索？

快速搜索可以显示文献条目、标签或全文内容与搜索条件匹配的项目。单击搜索框左边的放大镜图标可打开高级搜索窗口，从而允许进行更复杂或更有限制性的搜索，如图6-7所示。高级搜索可以保存在左边的窗格中，它们类似于集合，但会自动更新匹配项。

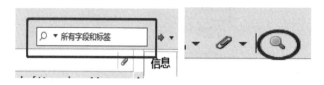

图6-7　Zotero如何搜索

（7）添加文献笔记

可以通过右侧窗格中的"笔记"选项卡将富文本注释附加到任何文献条目上，如图6-8所示。

（8）文献条目的附件

文献条目可以附加注释、文件和链接。这些附件显示在文献的下拉菜单中。通过单击文献条目旁的箭头，可以显示或隐藏附件，如图6-9所示。

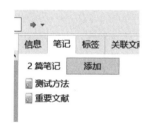

图6-8　Zotero中添加笔记

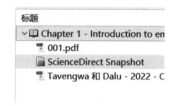

图6-9　查看文献条目的附件

（9）手动添加文献条目

文献条目可以通过单击 Zotero 工具栏中的绿色"新建条目"按钮并选择适当的项目类型来手动添加，然后可以在右侧窗格中手动添加细节数据，如图 6-10 所示。这种方式不会在 Zotero 中常用，但对于无法在线获得的文献，它是一种替代方法。

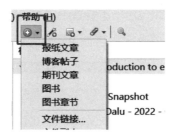

图6-10　手动添加文献条目

2. 用 Zotero 收集文献

在了解了以上最基本的 Zotero 操作信息后，你需要知道如何将网络上看到的文献变成软件中的文献条目。你需要根据自己的网页浏览器，安装适用的 Zotero Connector，Chrome、Firefox、Safari 和 Edge 等都有属于自己的 Zotero Connector。对于一些没有可供 Zotero 识别的信息的网页，保存按钮将以灰色网页图标呈现。当你在这些页面上单击"保存"按钮时，Zotero 将创建一个网页条目。条目中包含网页的标题、地址和访问日期。

（1）网页抓取

例如，如果你正在在线阅读一本专著的某一章节，"保存"按钮将变为这一章节文章的图标（红色方框）。当你单击"保存"按钮时，Zotero 会创建一个包含所选章节信息的条目。在某些网站上，除了保存章节信息，如果你有权访问相应的 PDF 文件，Zotero 还会保存当前页面或公开站点上与信息相关的 PDF 文件。对于一些没有可供 Zotero 识别的信息的网页，保存按钮将以灰色网页图标的形式呈现。当你在这些页面上单击"保存"按钮时，Zotero 将创建一个网页条目，其中包含网页的标题、URL 和访问日期。

在某些网页上，如包含一本专著不同章节的信息，"保存"按钮将以文件夹图标的形式呈现。当你点击时，Zotero Connector 将打开一个窗口，你可以在其中选择要保存到 Zotero 的信息。这个窗口允许你选择特定的书目条目，以便将其保存到你的 Zotero 库中。

在你单击"保存"按钮后，Zotero Connector 会弹出一个窗口，让你选择将该条目保存到哪个 Zotero 集合中。如果你希望将该条目保存到其他分类或库中，你可以在这个窗口中进行更改。同时，你还可以在保存时通过输入为新条目分配标签，更好地组织和标记你的文献库。网页抓取文献信息如图 6-11 所示。

图6-11 网页抓取文献信息

（2）通过标识符添加

另外一种添加文献条目的方法是通过标识符添加，但前提是你已经知道出版物的 ISBN，文献的 DOI 或 PMID，arXiv ID 或 ADS 条码，如图 6-12 所示。Zotero 会通过在线的数据库进行直接调取，生成与之匹配的文献条目。不过这种情况的使用概率并不高。

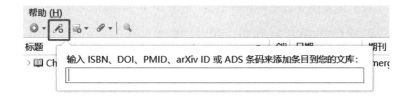

图6-12　通过标识符添加文献

（3）PDF 识别

如果你已经习惯了下载文献的 PDF，可以让 Zotero 直接来抓取 PDF 文件中的元数据，自动创建条目。你可以直接通过拖拽文件到 Zotero 或单击添加按钮来添加 PDF 附件。一旦你添加了附件，Zotero 将自动为 PDF 附件创建一个条目，并尝试抓取 PDF 中的信息。它还会根据抓取到的信息为附件进行重命名。

Zotero 的 PDF 元数据抓取功能是通过 Zotero 的 Web 服务来查找元数据的。在抓取过程中，Zotero 客户端会将 PDF 文件的前几页发送到 Zotero 服务器。然后，服务器会利用 Web 服务和各种抓取算法来提取 PDF 上的元数据。这些元数据会与 Crossref 的数据、DOI 和 ISBN 匹配的数据进行比对，以构建 PDF 的条目。

对于大多数 PDF 文件，Zotero 能够成功抓取到元数据。然而，由于 PDF 文件的特性，不能完全依赖抓取功能来获取所有的书目信息。需要注意的是，尽管利用自动抓取功能能够方便地导入大量 PDF 文件，但这并不意味着它是创建条目的最佳方法。使用 Zotero Connector 插件可以更快地从网站或学术数据库导入项目，它能够节省下载 PDF 并手动添加到 Zotero 的步骤，同时也提供更高质量的保存元数据。

（4）从其他文献管理软件导入

如果你想要从其他文献管理软件（如 Endnote、Citavi、Mendeley 等）迁移到 Zotero，需要先从你当前使用的文献管理软件中导出书目数据。具体的导出步骤可能因软件而异，但通常可以在软件的导出选项或菜单中找到相应功能。然后在 Zotero 中打开"文件"菜单，选择"导入"选项，在弹出的窗口中浏览并选择你之前导出的书目文件，单击"打开"按钮。Zotero 将会创建一个以日期命名的集合，并将导入的书目数据放入其中。你可以在 Zotero 的左侧面板中找到这个新创建的集合。

RSS 是一种很好的发现新文献方式。通过 RSS，你可以跟踪各种资源，如期刊、网站等。通过将 RSS 订阅源添加到 Zotero，你可以在一个地方方便地获取和管理不同来源的新文章。Zotero 将自动更新这些订阅源，以便你及时了解最新的文章和资讯。通过这种方式，你可以更高效地浏览和阅读感兴趣的内容，并保持对各种资源的跟踪。

（5）RSS 订阅

要订阅 RSS 源，只需单击"添加"按钮即可。有两种方式可以添加 RSS 源。首先是通过网址添加。通常情况下，期刊会在其主页上提供订阅源的网址。如果期刊没有提供，你可以通过在搜索引擎中搜索"期刊名 +RSS"的方式来寻找订阅源。

如图 6-13 所示，获取 URL 后单击新建文件库，然后选择"新建订阅"，接着选择"从网址 ..."。在弹出的对话框中，将订阅源的网址粘贴到相应位置，并为你的订阅取一个名称。完成后，你可以进一步在"高级选项"中设置 RSS 更新的频率、删除条目的标准等内容，以满足你的需求，如图 6-14 所示。

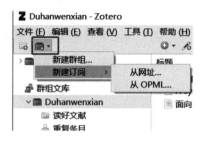

图6-13 如何新建RSS订阅

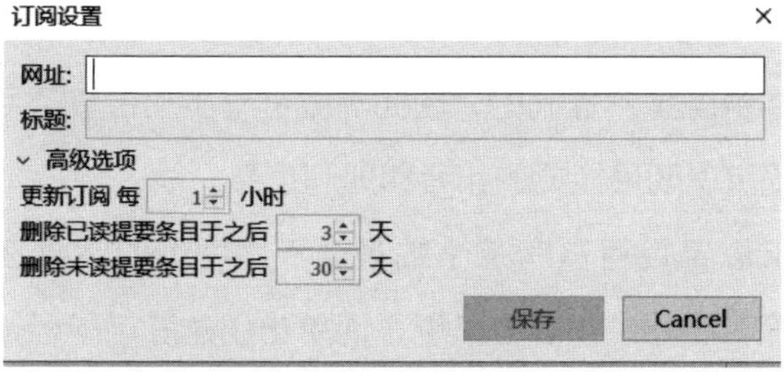

图6-14 订阅设置

此外，你还可以使用 OPML 文件来订阅 RSS 源。当你想将其他 RSS 阅读器中的订阅源复制到 Zotero 时，可以使用这种方法。只需导入 OPML 文件，单击添加菜单后选择"新建订阅"，然后选择"来自 OPML"。Zotero 将根据你导入的 OPML 文件自动添加订阅源。

你的订阅源将显示在 Zotero 左侧栏的底部。通过单击订阅源的名称，你可以查看该订阅源当前的最新文章。右击订阅源可以进行更多操作，例如刷新订阅源、标记所有条目为已读、修改订阅源设置、取消订阅等。未读的条目将以黑色粗体显示，而已读的条目则以正常文本显示。你可以通过选择一个条目，然后使用右侧栏的

"标记为已读"或"标记为未读"按钮，或使用快捷键"～"来更改条目的已读状态。请注意，已读状态不会与 Zotero 的同步功能同步。

你可以使用右侧栏的"添加到我的文库"按钮将订阅源中的条目保存到库中。通过"添加到我的文库"按钮添加时，你可以进一步选择要添加到的集合，或者将其添加到小组库中。这样，你可以将订阅源中的条目方便地存储到你的 Zotero 库中。

3. Zotero 中文献信息的简单修改

Zotero 可以准确地从网站上导入元数据，但由于网站上的元数据可能本身就是不准确的，因此需要进一步地检查条目的文献信息。下面简单说明最重要的作者和期刊信息。

每个文献条目可以有零个或多个不同类型的创建者，例如作者、编辑等。要更改创建者类型，请单击创建者字段标签。要删除创建者，单击创建者字段末尾的减号按钮。这将删除该创建者字段及其相关信息。要添加创建者，单击最后一个创建者字段末尾的加号按钮。这将在最后一个创建者字段之后添加一个新的创建者字段，供你填写相应的信息。若要对多个创建者字段进行排序，请单击创建者字段标签，并选择"上移"或"下移"选项。这将能够重新排列多个创建者字段的顺序，增删创建者如图 6-15 所示。

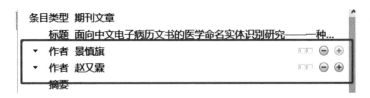

图6-15　增删创建者

在期刊文献的引用中，期刊名称通常以缩写形式呈现。为了处理这一情况，Zotero 将期刊名称的全称和期刊名称的缩写存储在两个不同的字段中，分别是"期刊"字段和"刊名简称"字段，如图 6-16 所示。

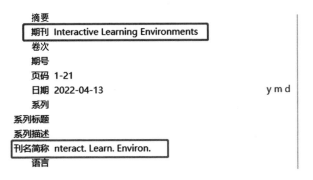

图6-16　查看期刊的全名和简称

Zotero 同一库中的同条目之间可以相互关联，但不支持跨库的条目关联。要创建条目之间的关联，只需选中一个条目，然后打开右侧边栏的"关联文献"页面。单击"添加"按钮，在弹出窗口中选择一个或多个条目。完成上述步骤后，选定的条目将在该条目的"关联文献"页面中显示。如果你单击这些条目，Zotero 将会跳转到这些条目所在的位置。通过关联功能，你可以更好地组织和管理不同条目之间的关系，以便更方便地进行参考和阅读。请注意，条目之间的关联是双向的，但不会传递。当你将条目 A 与 B 关联时，Zotero 会自动使 B 与 A 关联。然而，如果存在 A 关联 B、B 关联 C 的情况，A 并不会自动与 C 关联。

关联功能的作用一般包括以下几点：

（1）将书籍的章节与对应的书籍本体（或卷）关联起来。

（2）将书评与相应的书籍关联起来。

（3）关联不同版本的文献，例如将会议论文与发表的期刊文章关联起来。如果文献最终出版成书籍，还应将其与书籍进行关联。

（4）关联不同分类中相关的条目，以便更好地组织和浏览相关内容。

（5）将独立的笔记与所讨论的文献进行关联，以便在需要时查看相关信息。

（6）将在摘要或笔记中提及的文献与当前条目进行关联，以便更好地跟踪和引用相关信息。

（7）将具有相似内容的条目进行关联，以便更方便地查找相关文献和资料。

4. Zotero 的扩展插件

Zotero 的能力不仅仅在于软件本身，更在于它可以集成丰富的插件。以下是利用 Zotero 管理文献时非常有用的一系列插件：

·ZotFile：用于管理附件，自动将 PDF（或其他文件）重命名，移动和附加到 Zotero 项目，将 PDF 从 Zotero 库同步到其他的操作端（例如平板电脑等）。

·Quicklook：在不安装任何插件的情况下，Zotero 如果想阅读某个文献，需要双击该文献条目，然后在默认的 PDF 阅读软件中打开。由于 PDF 文阅读软件往往不能秒速打开文件，这种方式势必会影响文献的查找效率，特别是在文献很多的情况下。在安装了 Quicklook 插件之后，按下空格键便可以预览文献。

·Jasminum：根据中文 PDF，自动抓取条目信息。

· Zutilo：Zotero 的快捷键设置。

· **Zotero Update Ifs**：用于显示论文发表期刊的影响因子。

·**Zotero OCR**：在 Zotero 中的 PDF 里执行 OCR（文字识别）的功能。

· **Zotero Tag**：可以自动添加或者移除标签。

·**Zotero PDF Translate**：便于阅读英文文献，可以选取英文全篇或一个段落或者单个单词进行翻译。

· **Zotero Sci-Hub**：利用 Sci-Hub 实现在 Zotero 下载文献。

· **Zotero GPT**：辅助文献阅读。

其他 Zotero 插件的信息可以在该网址获得：https://zotero-chinese.gitee.io/zotero-plugins/#/。

由于本书的主题是关于文献的阅读而不是论文的撰写，因此这里的内容不包含如何在论文的撰写过程中利用 Zotero 插入文献。Zotero 可以适配常用的文字处理软件，比如 Microsoft Word、LibreOffice 和 Google Docs。如果对相应的内容感兴趣，可以在网上搜索教程。

二、思维导图软件

思维导图是一种便于理解、记忆的高效工具，可以清晰地呈现思维方式，帮助使用者分清主次、发现想法间的关联。思维导图可以为第五章中的阅读策略直接赋能，用于单篇研究型论文的重点拆解。思维导图更加有用的功能是为阅读综述赋能，可以把一篇非常长的综述进行有效的拆解和归纳。此外，思维导图也可以用于构建某一个领域的知识库。

1. 拆解单篇研究型论文

使用思维导图，你可以更深入地理解论文的结构和内容。

（1）确定中心主题：思维导图的中心应该是论文的主题。这通常是论文的标题，有助于记住论文的核心内容。

（2）添加主要章节：根据论文的大纲或目录，为每个主要章节添加一个分支。例如，一篇典型的研究论文可能包括引言、方法、结果、讨论和结论等部分。你可以将这些作为思维导图的主要分支。

（3）添加子分支：对每个主要章节进行深入阅读，并为每个重要的概念、方法或结果添加子分支。比如，在"方法"的分支下，你可能会添加该研究使用的特定实验设计、测量方法、数据分析方法等。

（4）添加详细信息：对于每个子分支，你可以添加更详细的信息，如重要的研究细节、实验结果、作者的解释和论文中的关键引述等。

（5）添加关系：在不同的分支之间添加箭头，表示它们之间的关系。这可以帮助你理解如何从一个概念或结果导向另一个概念或结果。

（6）添加批判性思考：对于你认为作者可能忽略或者没有解释清楚的地方，可以在思维导图的旁边添加批判性思考的节点。

假设你正在阅读一篇关于"认知行为疗法对抑郁症影响的研究"的心理学论文，你可以按照以下步骤创建一个思维导图：

（1）确定中心主题：这篇论文的中心主题是"认知行为疗法对抑郁症的影响"。

（2）添加主要章节：在中心主题周围添加分支，表示论文的主要部分，如"引言""方法""结果""讨论""结论"等。

（3）添加子分支：

"引言"下的子分支可能包括"抑郁症的定义""认知行为疗法的简介""研究背景"等。

"方法"下的子分支可能包括"研究设计"（如随机对照试验）、"参与者"（如100名抑郁症患者）、"实验过程"（如进行了10周的认知行为疗法）、"数据分析方法"等。

"结果"下的子分支可能包括"实验结果"（如认知行为疗法显著改善了参与者的抑郁症状）。

"讨论"下的子分支可能包括"实验结果解释""与其他研究的比较""研究局限"等。

（4）添加详细信息：每个子分支下都可以添加更详细的信息，例如，"实验结果"下可以添加具体的统计数据，"研究局限"下可以添加具体的局限因素。

（5）添加关系：在不同的分支之间添加箭头，例如，在"认知行为疗法的简介"和"实验过程"之间添加一个箭头，表示这两者之间的联系。

（6）添加批判性思考：如果你认为论文的某个部分不够清晰，或者有更多的研究可能性，可以在相关的分支旁边添加批判性思考的节点。

2.拆解综述

使用思维导图来理解综述，你可以更深刻地理解和记忆文章的主题、子主题和重要概念。

（1）确定中心主题：在思维导图的中心，写下文章的标题和作者的姓名。这将成为整个思维导图的核心。

（2）目的和研究背景：阅读文章的摘要和引言部分，理解作者的研究目的和背景。在思维导图中，从中心主题分出一条线，标明文章的目的和研究背景。

（3）创建主分支：阅读每个段落或章节，将重要概念和主题提取出来，并在思维导图中创建相应的分支。每个分支应该包含一个关键词或短语，以概括该段落或章节的主题。

（4）创建细节分支：对于每个主题，进一步扩展子主题和相关的细节。这些细节可以是实验结果、研究方法、数据分析等。在思维导图中，用更小的分支表示这些细节，并将它们与相应的主题连接起来。

（5）添加关系：根据文章的逻辑结构，将各个主题之间的关系用连线表示在思维导图中。例如，如果一个主题是另一个主题的子主题，可以使用有向箭头表示它们之间的关系。

（6）添加总结：阅读文章的结论部分，理解作者的总结和研究的重要发现。在思维导图中，用一个分支总结这些关键发现，并将其连接到适当的主题。

尽量使用关键词、短语和图标来表示信息。思维导图应该简洁明了，以便快速理解和回顾。你可以使用不同的颜色、形状和字体来区分不同层次的信息。通过创建思维导图，你可以将综述文章的复杂内容以一种可视化的方式整理出来，以更深刻地理解文章的结构、关键主题和重要细节。思维导图还有助于记忆和回忆文章的内容，更好地组织自己的想法。

假设你正在阅读一篇关于"磁性固体催化剂在可持续清洁生物柴油生产中的应用"的综述，你可以按照以下步骤创建一个思维导图：

· 确定中心主题：在思维导图的中心，写下"磁性固体催化剂在可持续清洁生物柴油生产中的应用"。

· 目的和研究背景：

目的：综述磁性固体催化剂在可持续和清洁生物柴油生产中的应用和研究进展。

研究背景：生物柴油作为一种可再生能源具有重要意义，而磁性固体催化剂可提高生产过程的效率和可持续性。

· 创建主分支和细节分支：

主分支：生物柴油生产的基本概念。

细节分支：生物柴油制备路线——描述生物柴油的制备过程，包括原料选择、酯化和转化反应等。

细节分支：可持续生产——探讨生物柴油生产的可持续性考虑因素，如废物利用和环境影响。

主分支：磁性固体催化剂的优势和应用。

细节分支：磁性固体催化剂的特点——介绍磁性固体催化剂相对于传统催化剂的优势，如可回收性和分离性。

细节分支：生物柴油生产中的应用——探讨磁性固体催化剂在生物柴油生产中的各个环节的应用，如酯化和转化反应。

主分支：磁性固体催化剂的合成和表征技术。

细节分支：合成方法——介绍磁性固体催化剂的合成方法，如溶胶－凝胶法和共沉淀法。

细节分支：表征技术——探讨磁性固体催化剂的表征技术，如X射线衍射、透射电子显微镜和磁性测试。

主分支：磁性固体催化剂在酯化反应中的应用。

细节分支：酯化反应机理——解释生物柴油酯化反应的基本机理。

细节分支：磁性固体催化剂的性能——介绍不同磁性固体催化剂在酯化反应中的催化性能和活性。

主分支：磁性固体催化剂在转化反应中的应用。

细节分支：转化反应机理——探讨生物柴油转化反应的机理和反应路径。

细节分支：磁性固体催化剂的效能——讨论磁性固体催化剂在转化反应中的选择性和稳定性。

主分支：磁性固体催化剂的可持续性考虑因素。

细节分支：催化剂再生和循环利用——讨论磁性固体催化剂的再生和循环利用策略。

细节分支：废物处理——探讨生物柴油生产过程中废物处理的可持续性方法和环境影响。

主分支：新兴技术和未来发展方向。

细节分支：磁性纳米颗粒催化剂——介绍磁性纳米颗粒催化剂在生物柴油生产中的应用前景。

细节分支：可持续废物利用——探讨利用废物资源作为催化剂的可持续生产方法。

·添加总结：总结磁性固体催化剂在可持续和清洁生物柴油生产

中的应用和研究进展，提出未来研究的重点和发展方向。

3. 建立领域知识库

使用思维导图来建立学术领域研究的知识体系，可以帮助组织和展示大量的信息。

（1）创建主要分支：在思维导图中创建一个主要分支，作为整个知识体系的核心。在该主分支上写下该领域的名称，并以此为起点，展开你的知识体系。

（2）添加子分支：从主分支出发，添加几个子分支，代表该领域的主要子领域或主题。例如，你研究的是计算机科学领域，你就可以创建子分支，代表机器学习、数据挖掘、人工智能等。

（3）扩展子分支：在每个子分支下进一步添加更多的子分支，代表该子领域的具体主题、概念或理论。例如，在机器学习的子分支下，你可以添加子分支，代表监督学习、无监督学习、深度学习等。

（4）建立关联和链接：使用思维导图工具提供的关联和链接功能，将相关的分支连接起来。这可以帮助你发现不同分支之间的联系和相互作用。例如，你可以用箭头连接一种方法与其应用领域，或者连接两个相关的理论。

（5）添加详细信息：在每个分支和子分支下添加详细的信息，例如定义、关键概念、重要研究成果等。可以使用文字、图表、链接或附件来展示这些信息。这样，你可以在思维导图中快速查找和回顾相关的内容。

（6）整理和优化：对思维导图进行整理和优化。确保分支之间的关系清晰可见，信息有条理。你可以调整分支的位置、颜色、字体、字号等，以便更好地表达你的知识体系。

（7）持续更新和扩展：知识体系是一个动态的过程，随着你的研究和学习的逐步深入，你应不断更新和扩展思维导图，保持与最新研究成果和学术进展同步，添加新的分支和信息。

常用的思维导图软件有 XMind、MindManager、MindMeister、Coggle 和 FreeMind 等。这些思维导图软件在功能和用户界面方面可能有一些差异，以及一些特定的高级功能，如团队协作、项目管理和云存储。关于思维导图的详细用法不在本书中赘述，近五年来已经有大量的相关书籍出版，比如《思维导图工作法》和《思维导图解题法》等。

三、生成式 AI 辅助阅读

生成式人工智能（AI）描述了可用于创建新内容的算法（如ChatGPT），包括音频、代码、图像、文本、模拟和视频。该领域最近的新突破有可能彻底改变我们进行内容创作的方式。同样，它也在改变文献阅读的方式。

生成式 AI 可以在阅读文献时提供辅助，帮助你理解和总结文献内容。以下是如今的生成式 AI 所具备的功能：

（1）**摘要生成**：如果文献篇幅较长，你可以使用生成式 AI 提取文献的摘要。将文献输入 AI 模型，让其自动生成一个简洁明了的摘要，有助于你快速了解文献的核心内容。

（2）**总结和提问**：在阅读文献的过程中，你可以使用生成式 AI

来总结和提问。将你已经阅读过的部分输入模型，让其生成一个总结或者针对文献内容的问题。这样可以加强你对文献的理解，并且为后续的学习和讨论做好准备。

（3）**补充信息**：生成式 AI 可以用来补充文献中可能遗漏或者不够详细的信息。当你对某个概念或者实验结果不太清楚时，可以输入相关问题或者关键词，让 AI 模型为你提供更多相关的解释和补充材料。

（4）**语言翻译**：如果你需要阅读的文献是用外语写成的，而你对该语言不够熟悉，生成式 AI 可以用作翻译工具。将文献中的句子或者段落输入 AI 模型，可为你提供翻译结果。尽管自动翻译可能不够完美，但可以帮助你大致了解文献的内容。

（5）**知识补充**：在阅读文献时，你可能会遇到一些你不太熟悉的专业术语或者概念。生成式 AI 可以帮助你解释和补充相关的知识。输入相关的关键词或问题，AI 模型可为你提供解释和背景信息，帮助你更好地理解文献。

比如，我询问：一篇长达 46 页的关于 2.5 米大视场巡天望远镜的综述论文"Sciences for The 2.5-meter Wide Field Survey Telescope（WFST）"讲了什么？以下是某一生成式 AI 的回答：

这篇文章讨论了由中国科技大学和紫金山天文台联合建设的广域巡天望远镜（WFST）。WFST 配备了一个 2.5 米的主镜，一个主动光学系统，以及一个在主焦平面上拥有 0.73 千兆像素的马赛克 CCD 相机，以实现在 6.5 平方度的视场上获得高质量的成像。望远镜将在深度高频巡天和广域巡天计划中，以从每小时 / 每日到半周的频率，扫描北半球的天空，覆盖四个光学波段。文章还讨论了

WFST 的预期性能和巡天策略，以及其在时间域科学中的潜力，包括超新星、潮汐瓦解事件、多信使事件和活动星系核。

WFST 的建设是为了满足天文学家对广域、深度和高时间分辨率的观测需求。这种望远镜的设计和建设，将为我们理解宇宙的起源和演化提供重要的数据和观测。WFST 的高质量成像和广域覆盖，使其成为探索和研究时间域科学的理想工具，包括研究超新星、潮汐瓦解事件、多信使事件和活动星系核等现象。此外，WFST 的建设也将推动中国在全球天文学研究中的地位，提升其在国际科学合作中的影响力。

我进一步询问它：这种天文望远镜可能作出哪些贡献？

深度和广域巡天：WFST 的设计使其能够进行深度和广域的巡天。这种能力使得天文学家能够观察到更远的天体和更广阔的天空区域，从而有可能发现新的天文现象和天体。

时间域科学：WFST 的高时间分辨率使其成为研究时间域科学的理想工具。时间域科学包括研究变星、超新星、伽马射线暴、潮汐瓦解事件、多信使事件和活动星系核等现象。这些现象的研究对于理解宇宙的起源和演化具有重要的意义。

多信使天文学：WFST 的设计也使其成为进行多信使天文学观测的理想工具。多信使天文学是一种新的天文学研究方法，它结合了电磁波、粒子和引力波等多种信使的观测，以获得对天体和天文现象更全面的理解。

科技进步：WFST 的建设也推动了天文观测技术的发展。例如，WFST 使用的主动光学系统和高像素 CCD 相机都是最新的天文观测技术。

科学教育和公众科学普及：WFST 的观测数据将对科学教育和公众科学普及有重要的贡献。这些数据可以用于教学和科普活动，帮助公众理解宇宙的奥秘。

问：综述中有提到其他国家建设类似 WFST 的天文望远镜吗？

文章中并未提到其他国家正在建设类似 WFST 的望远镜。然而，文章中提到了一些正在进行或即将进行的广域巡天项目，例如 Vera C. Rubin / LSST，以及一些即将启动的空间巡天任务，如 CSST，Euclid，和 Nancy Grace Roman Space Telescope。这些项目和任务都将进行广域巡天，但它们的设计和目标可能与 WFST 有所不同。

问：潮汐瓦解事件是什么？

潮汐瓦解事件（Tidal Disruption Events，TDEs）是指当一个恒星过于接近一个黑洞时，由于黑洞的强大引力，恒星会被撕裂并形成一个吸积盘。这个过程会产生大量的能量并发出明亮的光，这就是我们所说的潮汐瓦解事件。在这个过程中，恒星的物质被拉伸和压缩，形成了一个椭圆形的吸积盘。这个吸积盘会围绕黑洞旋转，并逐渐被黑洞吸收。这个过程会产生大量的 X 射线和紫外线辐射，这些辐射可以被地球上的望远镜观测到。潮汐瓦解事件是研究黑洞和恒星相互作用的重要方式，也是探测和研究黑洞的重要手段。通过观测和分析潮汐瓦解事件，科学家可以了解黑洞的质量、自转速度以及黑洞和恒星的相互作用等信息。

问：多信使天文学是什么？

多信使天文学是一种新兴的天文学研究方法，它结合了多种不同的观测手段和技术，以获得对天体和天文现象更全面的理解。这些"信使"包括电磁波（如光、射线）、粒子（如中微子）、引力波，甚至可能包括宇宙射线。每种信使都提供了研究宇宙的不同视角和信息。例如，电磁波可以让我们看到宇宙的形象，粒子可以让我们了解宇宙的物质组成，引力波可以让我们感知到宇宙中的质量和能量的变化。

多信使天文学的一个重要应用是在探测和研究极端天文事件，如中子星合并和伽马射线暴时，结合多种信使的观测结果，以获得更全面的理解。例如，2017 年的 GW170817 事件就是一个成功的多信使天文学的例子，科学家们同时观测到了引力波和伽马射线暴，这为我们理解中子星合并和短伽马射线暴提供了重要的信息。

从这些内容可见，生成式人工 AI 在综述的解析和总结中已经能够达到非常高的水平。此外，由于它的训练模型用了非常大的语料库，因此可以作为一种百科全书来回答论文中提及但没有详细叙述的内容，进一步完成定向的解答。此外，这种能力不仅局限于文本内容的解析，它在实验科学类的研究论文中也有非常重要的作用。

比如，我询问：一篇关于干涉型光学传感器的 DNA 原位检测的论文"In-situ DNA detection with an interferometric-type optical sensor based on tapered exposed core microstructured optical fiber"讲了什么？以下是某一生成式 AI 的回答：

这篇论文主要讨论了一种基于锥形裸露芯微结构光纤的干涉型光学传感器，用于原位 DNA 检测。该传感器无须标记，能够实时检测 DNA，为各种应用提供了方便和高效的解决方案。论文介绍了该传感器的原理、制备过程以及在医学诊断和环境监测等领域的潜在应用。

我继续问：裸露的核心微结构光纤对DNA生物传感器的灵敏度有何影响？

裸露的核心微结构光纤对DNA生物传感器的灵敏度有着重要的影响。根据给定的文本，裸露的核心微结构光纤设计提供了具有微/纳光纤灵敏度的腐蚀场。这意味着光纤的芯部可以与待测物质接触，从而实现对待测物质的灵敏检测。此外，裸露的核心光纤通过锥形加工进一步减小了芯部的尺寸，从而显著提高了折射率灵敏度。因此，裸露的核心微结构光纤的设计可以增强DNA生物传感器对待测物质的灵敏度。

根据文本内容，我继续提问：你能解释一下使用锥形暴露芯光纤的多模马赫－曾德尔干涉仪的制造过程吗？

1. 首先，需要在一个直径为 20 毫米的二氧化硅玻璃棒的中心钻三个直径为 2.8 毫米的气孔。

2. 接下来，从其中一个气孔中切割出一个 1 毫米的槽口，形成暴露的一侧。

3. 然后，将预制坯料使用光纤拉伸塔将其拉制成直径为 160 微米的光纤。光纤拉伸塔是一个高度控制的设备，可以在一次拉制中获得直径变化小于 1% 的数百米光纤。

4. 接下来，使用融合锥形机（Idealphotonics IPCS-5000ST）对光纤进行锥形加工。这个过程会使光纤逐渐变细，形成锥形的形状。

5. 锥形的光纤传感器被固定在一个玻璃管中，并通过一个铜管连接两端，形成一个流动池，用于检测 DNA。

6. 输入光纤连接到一个带有波长范围为 1510 ～ 1610 纳米的宽带光源（ASE，CONQUER KG-ASE8097），输出端连接到一个光谱分析仪（OSA，Yokogawa AQ6370）。

7. 不同的测试液体通过一台泵（LONGER COMPANY，L100-1S-1）引入流动池中，并在表面功能化和DNA杂交的过程中实时监测干涉传输光谱。

我又问：这种无标记DNA生物传感器在医疗诊断或环境监测等各个领域的潜在应用是什么？

这种无标记DNA生物传感器在医疗诊断、环境监测和其他领域具有广泛的潜在应用。以下是一些可能的应用领域：

1. 医学诊断：该传感器可以用于快速检测和诊断疾病，如遗传疾病、感染性疾病和癌症。它可以检测DNA序列的变化，帮助医生进行早期诊断和治疗。

2. 药物测试：传感器可以用于药物研发和药物筛选。它可以检测药物与DNA之间的相互作用，评估药物的效力和安全性。

3. 环境工程：传感器可以用于监测环境中的污染物和有害物质。它可以检测水体、土壤或空气中的DNA污染，帮助评估环境质量和采取相应的措施。

4. 食品安全：传感器可以用于检测食品中的基因改造成分或有害微生物。它可以提供快速、准确的食品安全检测结果。

5. 生物工程：传感器可以用于基因工程和生物技术领域。它可以监测基因编辑、基因表达和DNA合成等过程，帮助优化生物工程实验和生产。

生成式AI是一个正在高速迭代发展的领域，现在几乎每一周都会有新的进展。因此，我不打算在这本书中详细对比并说明目前市场上哪款生成式AI或者哪一个插件在阅读文献时最好用。相信这本书出版的时候，会有更多针对学术文献的定制化应用和插件产生。

四、文献分析软件

学术研究常常是站在前人的肩膀上进行的，而这些前人的贡献主要体现在已发表的文献和专利中。互联网和新型出版方式的出现使文献检索和收集变得更加便捷，但同时也带来了海量资源的问题，如何从众多文献中找到所需的信息成为一个新的挑战。许多人采用的方法是种子文献法，即通过找到领域中一篇或几篇高被引或高影响力的文献，以这些文献为基础不断扩展自己的文献集合。另一种方法是通过数据库进行关键词或主题检索，以获取相关的文献集合。然而，这种方法可能会产生大量的文献，需要逐篇鉴定其相关性和重要性，同时对领域中研究主题的细分不够明确，需要通过大量阅读和专业知识进行分类。

本书的内容主要涵盖了如何对单篇文献进行阅读和分析，但这种方法在一定程度上只注重了细枝末节，而忽略了整个学术领域的发展趋势。一旦我们对某个学术领域有了初步了解，就有必要站在更高的视角客观地审视该领域的演进历程。当然，这种全局视角可能会出现在某位知名学者撰写的综述文章中，但并非每个领域都能及时出现这样的综述。你可能找到的综述是五年前的，或者其主题与你的领域有一些偏差，甚至该学者在写作时并没有采取客观的视角。因此，真正客观地了解一个领域的发展并非易事。

幸运的是，在学术界存在一门专门的学科——文献计量学。文献计量学运用应用数学和统计学的方法，通过计算和分析文字信息的多个方面，揭示文献信息处理的过程，以及某一学科发展的性质和趋势。文献计量学涉及诸多分析方法，包括引文分析、共引分析、书目耦合分析、合著者分析和共词分析等。借助文献计量技术，我们可以确定当前的研究领域以及未来的潜在研究方向，为进一步的研究提供路线图。

简言之，文献计量学依托六大定律来支持其统计分析，从而能够客观地应用于通过文献分析一个领域的发展。这些定律包括洛特卡定律、布拉德福定律、齐普夫定律、普赖斯定律、文献老化规律和文献引用规律。通过文献计量学，我们可以更深入地了解学术领域的动态演变，并从中获取有价值的见解和指导。

（1）**洛特卡定律**，又称为"倒平方定律"，是由美国学者洛特卡（A. J. Lotka）于 1926 年率先提出的描述科学生产率频率分布规律的文献计量学的经验定律。在某一研究领域，撰写 N 篇论文的作者数量大约是撰写 1 篇论文作者数量的 $1/N^2$，也就是写 2 篇论文的作者数量约为写 1 篇论文作者数量的 1/4，写 3 篇论文的作者数量约为写一篇论文作者数量的 1/9。而写 1 篇论文作者的数量约占所有作者数量的 60%。该定律被认为是第一次揭示了作者频率与文献数量之间的关系，描述科学生产率的频率分布规律。1926 年，在美国一家人寿保险公司供职的统计学家洛特卡经过大量统计和研究，在美国著名的学术刊物《华盛顿科学院报》上发表了一篇题名为《科学生产率的频率分布》的论文，旨在通过对发表论著的统计来探明科技工作者的生产能力及对科技进步和社会发展所作的贡献。这篇论文发表后并未引起多大反响，直到 1949 年这一成果才引起学术界关注，并誉之为"洛特卡定律"。

（2）**布拉德福定律**，又称为文献离散定律，是由英国文献学家布拉德福于 1934 年提出的描述文献分散规律的经验定律。其文字表述为："如果将有关某主题领域内的各种科学期刊按报导论文数量递减的顺序排列起来，则这些期刊可被分为报导该主题论文数量最大的核心区和含量与核心区相等的几个区。这时，核心区与各后继区所含的期刊数为 $1 : N : N^2 \cdots\cdots$ 的关系。"对于布氏当时统计过的数据来说，N 约等于 5。布拉德福定律的文字表述结论是建立在将等级排列的期刊进行区域分析的方法之上的。

（3）**齐普夫定律**是美国语言学学者齐普夫（George Kingsley Zipf）于 20 世纪 40 年代提出的词频分布定律。该定律指出，在一个给定的文体语料中，词频排名为 r 的词出现的频率 $f(r)$ 与 1/2 成正比。也就是说，出现频率最高的词出现次数是第二高词的两倍，是第三高词的三倍，以此类推。目前，齐普夫定律早已走出语言学，进入了信息学、计算机科学、经济学、社会学、生物学、地理学、物理学等众多研究领域，它不仅可以用于处理与语言文字有关的问题，还可以将"最省力法则"的原理应用于图书情报事业的管理中。例如，可以帮助人们合理地选择图书馆或情报中心的最佳地理位置，使各地用户都能用"最省力"的途径便捷地到达并利用这些单位的图书情报资料，还可以用来设计图书馆、文献中心资料库的排架，以使图书馆员在取存文献时所走的路径最短，等等。

（4）**普赖斯定律**是美国科学史学家、情报学家普赖斯（Derek John de Solla Price）提出的。1950 年，普赖斯首次发表有关"指数增长"的研究论文。1961 年，他在《巴比伦以来的科学》一书中考察统计了科学期刊的增长情况，发现科学期刊的数量大约每50年增长10倍。他以科技文献量为纵轴，以历史年代为横轴，将不同年代的科技文献量的变化过程表现为一根光滑的曲线，这条曲线十分近似地表示了科技文献量指数增长的规律。这就是著名的普赖斯曲线。现在国际《科学计量学》杂志和美国科学史学会都设有普赖斯奖。普赖斯在其代表名著《小科学，大科学》一书中曾有如下论述："在同一主题中半数的论文为一群高生产能力作者所撰，这一作者集合的数量约等于全部作者总数的平方根。"

（5）**文献老化规律**是指科技文献发表之后，随着时间的推移，相对于科学技术的迅速发展，其内容会越来越"落伍"。文献的老化，就在于随其"年龄"增长，会逐渐失去作为科技情报源的价值，利用率愈来愈低，甚至失去生命力。1958年美国学者贝尔纳（John D. Bernal）首先提出用"半衰期"来衡量文献老化速度。所谓"半衰期"，是指某学科领域尚在利用的全部文献中的一半是在多少年内发表的。文献的"半衰期"因其学科性质、学科稳定性、文献类型不同而有不同的值。文献老化规律还可以用普赖斯指数来衡量。普赖斯指数＝近5年的被引用的文献数量／被引用的文献总量×100%。

（6）**文献引用规律**指的是文献间的相互引用。在科学研究的过程中，必然要借鉴前人或他人的相关研究成果。因此，科学文献间也存在一种必然联系。文献引用关系分析是文献引用规律研究的基础，除了文献间的直接引用关系之外，引文分析理论还着重考察文献的其他最具代表性的间接引证关系，包括引文耦合（两篇或多篇文献同时引用一篇或多篇相同文章）、同被引（两篇或多篇文献共同被后来的一篇或多篇文献所引用）、自引（著者引用自己以前的著述）

等，从而研究科学引文的分布结构和规律性。引文量的分析是文献引用规律研究的主要内容，通过量的指标对引文所共同具有的一些基本要素或特征，如文献类型、学科主题、语种、出版年代、引文来源等进行分析和描述，可以得出引文量按文献类型的分布、按语种的分布、按出版时间的分布、按出版学科或主题的分布、按作者的分布、按国别的分布、按期刊的分布等。

以上 6 条定律在发展过程中有大量的优化和修正，我们无须过多了解细节，只要大概明白文献所呈现出来的这些规律，就可以用来衡量一个领域的发展历程和可能的未来方向。想要达到这样的宏观视角，现在已经有一系列合适的软件可以利用，包括VOSviewer、CiteSpace、Bibexcel、Bibliometrix、Bicomb、CiteNet、HistCite、Gephi、Pajek 等，也有一些专门的在线分析平台可以在网页端操作，一些大型的数据库本身也具备一定的文献计量分析功能（比如中国知网）。

文献计量学本身就是一个专门的研究方向，有很多正在发展的理论和工具，这里只谈它如何服务于我们的文献阅读。文献计量学通过使用软件进行聚类等操作，经过多次迭代（包括数据分析、数据清洗和再分析）后，可以基于生成的聚类结果帮助确定研究主题，并建立相关主题的文献集合。通过文献计量分析的过程，并经过迭代分析后，可以基本确定领域中的细分主题，并获得每个主题下的文献集合，这对于后续的文献阅读非常有益。

如今，文献计量工具的使用变得越来越简单，新手也能够通过简单的学习来进行分析。此外，新手需要了解领域的基础知识，在文献计量的检索和数据分析过程中，实际上是在学习领域的基本概念。对文献数据集进行整理和迭代的过程，实际上是进一步理解领域的过程。通过文献计量工具提供的指标分析（例如聚类、共现等），你可以对一个全新领域进行基本分类，并对每个分类中的文献有基本的了解，有助于后续的整理、阅读和分析，特别是识别研究基础和研究热点等方面。

简而言之，简单的文献计量分析可以实现以下功能。

（1）**文献总量分析**：统计各国历年的研究进展，获取领域内或各国的文献数量变化情况。

（2）**合作关系分析**：展示国家、机构和科学家之间的合作关系，可视化研究团队。

（3）**影响力分析**：确定高影响力期刊、机构和科学家，发现最具影响力的作者、研究机构和期刊。

（4）**关键词分析**：把握研究的热门课题，统计历年高频关键词，发现研究的热点。

（5）**引用关系网络**：剖析论文之间的引用关系网络，梳理研究发展脉络，辅助文献调研和综述。

关于文献计量的具体操作细节，由于篇幅关系，无法在此书中详述。这一领域的入门和教程已经有较多的书籍出版，读者可以参考以下书目：

·《BibExcel：科学计量与知识网络分析》（第 3 版）

·《科学计量与知识网络分析》（第 2 版）

·《R 科学计量数据可视化》（第 2 版）

·《CiteSpace：科技文本挖掘及可视化》

·《基于 CiteSpace 的社会科学文献计量研究》

附录

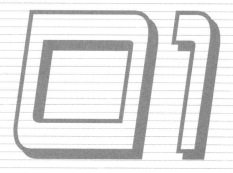

一、期刊评价体系

当谈到期刊评价体系时，它实际上是一种用来衡量和比较不同期刊在学术界中的影响力、质量和重要性的方法。这些评价体系从多个角度来考量期刊的表现，帮助研究者和学术界做出更明智的决策。在我们的学术评价体系中，普遍对国内的期刊（尤其是以中文出版的期刊）和国外期刊（以英语出版为主）采用了不同的评价模式。这里先对两种模式中不同层级的期刊进行一定的介绍。此外，工程索引（EI）的内容也会在此处介绍。

国际上对于不同的学术期刊有一系列基于统计学进行评判的标准，该附录的第二部分主要对最常用的影响因子和分区两个指标进行介绍。

国内期刊评价：

我国没有任何一个政府部门为期刊划分级别，所谓不同级别的期刊只是对期刊行业杂志的认知划分。大致的划分如下：

一、普通期刊

1. 省级期刊：指由各省、自治区、直辖市所属事业单位主办的期刊以及由各本、专科院校主办的学报（刊）。例如，《天津教育》主办单位为天津市教育委员会。

2. 国家级期刊：指由国家部委事业单位或全国性团体、组织、机关、学术机构主办的刊物。例如《中国公路》主办单位为中国公路学会。

二、核心期刊（核心）

国内目前一般承认的主要有四大核心期刊（来源）遴选体系。

凡是这些期刊目录里的刊物，均可认为是核心期刊。

1. 南大核心（CSSCI）：由南京大学中国社会科学研究评价中心组织评定的，两年一评，不包含理工科期刊。从影响力来讲，其等级属同类划分中国内最权威的一种。南大核心还有一个别称叫 C 刊。

2. 北大核心：北京大学图书馆联合众多学术界权威专家鉴定，根据期刊的引文率、转载率、文摘率等指标确定。从影响力来讲，其等级属同类划分中较权威的一种，是除南大核心、中国科学引文数据库（CSCD）以外最权威的一种。最新一版为 2021—2023 年第九版。

3. 中国科学引文数据库（CSCD）：创建于 1989 年，收录我国数学、物理、化学、天文学、地学、生物学、农林科学、医药卫生、工程技术和环境科学等领域出版的中英文科技核心期刊和优秀期刊千余种。CSCD 是我国第一个引文数据库，曾获中国科学院科技进步二等奖。2007 年，CSCD 与如今的科睿唯安公司（Clarivate Analytics）合作，以 ISI Web of Knowledge 为平台，实现与 Web of Science 的跨库检索，成为 ISI Web of Knowledge 平台上第一个非英文语种的数据库。

4. 科技核心：全称为"中国科技论文统计源期刊"，由中国科学技术信息研究所建立，收录自然科学类期刊。科技核心目录会在中国科技信息研究所每年公布一次的《中国科技期刊引证报告》中。

可以看出，不同的期刊评价和目录都有自己的侧重点和相应的范围。对于我国的学术研究者来说，最常用的是南大核心和北大核心这两个期刊目录。尤其是南大核心目录中的期刊，在一定程度上是人文社科各领域中的标杆。

国外期刊评价：

我国学者的国外期刊评价主要依赖于科睿唯安公司的 ISI Web of Knowledge 信息产品中的三个重要数据库，分别是科学引文索引（SCIE）、社会科学引文索引（SSCI）和艺术与人文引文索引（A&HCI）。

1. 科学引文索引（SCIE）：常被直接称为 SCI，收录了世界最重要的自然科学期刊 9000 余种。如今，SCIE 不仅是一种重要的数据库检索工具，也是科学研究成果评价的一项重要依据。它已成为目前国际上最具权威性、用于基础研究和应用基础研究成果的重要评价体系。它是评价一个国家、一个科学研究机构、一所高等学校、一本期刊，乃至一个研究人员学术水平的重要指标之一。

2. 社会科学引文索引（SSCI）：作为 SCIE 的姊妹篇，SSCI 索引了 58 个社会科学学科，收录 3000 多种世界最重要的社会科学期刊，覆盖了人类学、犯罪学、人口学、发展研究、经济学、教育学、环境研究、民俗学、性别研究、地理学、历史学、工业关系、国际关系、法学、图书馆学、媒体研究、传播学、政治学、心理学、公共行政、社会工作、社会学、可持续发展等领域。

3. 艺术与人文引文索引（A&HCI）：它是艺术与人文科学领域重要的期刊文摘索引数据库。A&HCI 收录的期刊文献数据覆盖了语言与语言学、文学、哲学、宗教与神学、古典研究、历史、考古、艺术、建筑、表演艺术等社会科学领域。我国学术界对 SCIE 和 SSCI 都比较熟悉，但是对 A&HCI 较为陌生，主要原因是我国的学科分类同西方的学科分类有所不同。西方的学科共分自然科学（Science）、社会科学（Social Science）、艺术与人文学科（Arts and Humanities）三大类，而我国的学科主要分为自然科学和社会科学两大类，艺术与人文学科被包括在社会科学内。

工程索引

除以上期刊评价体系外，工程索引（EI）也在我国期刊评价体系中被使用。EI 也被称为 Compendex。它是由美国工程杂志公司创办的一款全球最大、最全面的工程技术领域的文献检索系统。EI 数据库主要收录了工程和应用科学领域的学术期刊和会议论文，包括土木工程、化学工程、计算机工程、电子工程、机械工程等领域。

影响因子

SCIE 和 SSCI 包含了大量的期刊，因此，这些期刊还要被继续划分成不同的等级。这些等级的划分依据是每年计算一次的影响因子（Impact Factor，IF）。IF 是一种衡量学术期刊影响力的指标，它的计算方法是以特定年份（如 2023 年）发表的所有学术文章在接下来的两年（如 2024 年和 2025 年）被其他学术论文引用的次数的平均值。具体计算公式为：

影响因子 = 某期刊前两年发表的论文在统计当年的被引用总次数 / 该期刊在前两年内发表的论文总数

例如，如果在 2023 年，某期刊发表了 100 篇文章，然后在 2024 年和 2025 年，这 100 篇文章被引用了 300 次，那么该期刊 2022 年的影响因子就是 3.0（300 除以 100）。

影响因子的主要作用是帮助评估一个期刊的学术影响力和声誉。一般来说，影响因子越高，该期刊的学术影响力和声誉就越大。因此，许多研究人员希望他们的研究能够被发表在具有高影响因子的期刊上。然而，影响因子并非评价期刊质量的唯一或最好的指标。它不能反映单篇文章的质量，也不能反映某个特定学科内期刊的质量（因为不同学科的引用规模和习惯可能不同）。因此，虽然影响因子是一个有用的工具，但在评价期刊或决定投稿期刊时，还应考虑其他因素，如期刊的专业领域、读者群、审稿速度和接受率等。

分区

基于 IF，SCIE 和 SSCI 的期刊又被进行了分区。我国学者常用的分区有两种，一种是科睿唯安的 JCR 分区，另一个是中国科学院文献情报中心期刊分区表。

1. 科睿唯安的 JCR 分区将每个学科领域的期刊按照其 IF 进行排序，然后将这些期刊划分为四个分区（即四分位数，Q1 至 Q4，成为一区至四区），其中 Q1 分区的期刊影响因子在该学科领域排名最高，Q4 分区的期刊影响因子排名最低。具体来说：

Q1：影响因子在所属学科领域中排名前 25% 的期刊；

Q2：影响因子在所属学科领域中排名第 25% 到 50% 的期刊；

Q3：影响因子在所属学科领域中排名第 50% 到 75% 的期刊；

Q4：影响因子在所属学科领域中排名后 25% 的期刊。

因此，JCR 分区和 IF 有直接的关系，IF 越高，期刊在 JCR 分区的排名就越靠前。在评价期刊时，JCR 分区是一个重要的参考指标。由于 IF 受到学科领域的影响，所以仅仅比较 IF 可能会产生误导。而 JCR 分区则是根据期刊在其所属学科领域的 IF 排名进行评价，这样就可以更准确地反映出期刊在其学科领域的相对地位。

例如，假设有两个期刊 A 和 B，A 期刊的影响因子为 2.0，属于生物学领域，B 期刊的影响因子为 1.0，属于数学领域。如果只看影响因子，我们可能会认为 A 期刊比 B 期刊更好。然而，如果查看 JCR 分区，可能会发现 A 期刊在生物学领域的影响因子排名处于 Q3(即第 50% 到 75% 的位置)，而 B 期刊在数学领域的影响因子排名却处于 Q1(即前 25% 的位置)。这就说明，在各自的学科领域中，B 期刊的影响力其实更大。

2. 中国科学院文献情报中心期刊分区表是中国科学院文献情报中心基于多项评价指标，包括但不限于 IF，对全球科学期刊的评级和分区。这个分区表将期刊分为 Q1、Q2、Q3 和 Q4 四个等级。这个分区表不仅考虑了期刊的 IF，还考虑了其他评价指标，采用了期刊超越指数进行评价。因此，虽然 IF 是评价期刊的一个重要指标，但并不是唯一的指标。期刊超越指数的具体计算方式暂未公布。

二、学者 / 课题组文献发表追踪

追踪学者或课题组的文献发表记录是一项常见且有价值的学术活动，可以帮助你了解他们的研究历史、专业知识和学术影响力。以下是一些可用的追踪渠道：

学者或课题组的个人网页：许多学者和课题组会在他们的个人或实验室网站上列出他们的发表文章，但是，一般这类网页建立在相应的大学或研究机构的域名之下，更新并不一定及时。以我国的学术现状为例，大量学者的个人页面呈现的信息较为陈旧，很多保持着页面建立时的状态，从未进行更新。

学术数据库：如 Web of Science、Scopus、PubMed、中国知网、万方数据等。这些数据库收录了大量的学术论文，你可以通过在搜索框中输入学者的姓名来查找他们的发表记录。请注意，不同的数据库可能收录的领域和期刊不同，因此可能需要在多个数据库中进行搜索。

学术搜索引擎：如百度学术、Google Scholar，其中包含各种学科的学术论文。通过输入学者的姓名，你可以查看他们的个人主页（百度学术会直接根据数据库内容生成，Google Scholar 需要学者自行建立个人页面并允许公开访问），其中包括他们的发表记录、引用次数、H 指数等一系列指标。

学术社交媒体：如 ResearchGate 和 Academia.edu 等。在这些平台上，学者通常会分享他们的最新研究成果，因此你可以追踪他们的动态。

三、学者影响力评价

评价一位学者的影响力是一个涉及多个方面的复杂过程，既包括客观的量化指标，如论文的发表数量、引用次数、H 指数等，也包括更为主观的元素，如他们在专业领域内的声誉，以及他们的理论研究是否为解决学术或实践中的重大问题带来新的理解和视角。客观的指标可以提供一种可衡量、可比较的方式，帮助我们理解学者的研究产出，以及他们的研究如何影响了更广泛的学术界。然而，这些指标往往对热门领域的研究或大量产出的学者有所偏好，有时可能忽略了那些在小众领域内或以质胜于量方式工作的学者的影响力。此外，主观的评估，虽然可能因人而异，但它可以补充量化指标无法捕捉的信息，如学者的创新能力、他们的影响力是否超越了他们的学科领域，以及他们的工作对社会有何实际影响，等等。综上，评价学者的影响力需要同时考虑这两种角度，以形成一个全面而准确的评价。

以下是学界常用的一些指标：

论文引用次数：一种衡量学者影响力的常见方式是查看他们的论文被引用的次数。被广泛引用的论文通常表明该论文对其领域有重大影响。然而，这个指标的局限性在于它可能过分强调某些领域或热门话题，因为这些领域或话题的论文往往被引用次数更多。

H指数：H指数是另一个常见的衡量学者影响力的指标，它考虑了作者发表的文章数量和这些文章被引用的次数。例如，如果一位学者有10篇论文，每篇论文都被引用了至少10次，那么他的H指数就是10。然而，这个指标的局限性在于，它可能对那些发表了大量论文或者有一篇极其热门的论文的作者有利。

I 10指数：这是Google Scholar使用的指标，表示一位学者有多少篇论文被引用了至少10次。这个指标的局限性在于，它忽略了被引用次数不足10次的论文。

发表论文的影响因子（IF）：影响因子是衡量期刊影响力的常见指标。作者发表在高影响因子期刊的论文，往往被认为对其领域有更大的影响。然而，这个指标的局限性在于，它可能过分重视某些顶级期刊，而忽视了其他质量也很高但影响因子较低的期刊。

四、文献类型补充

1. 简讯型论文

简讯型论文（Short Communication/Communication/Brief Communication）用于传播简洁、明了但重要的新研究发现。这种文献类型的内容主要包括新的实验结果，改进的研究方法，以及其他的创新发现。简讯型论文的长度明显短于常规的学术论文。而且，尽管它们可能包括论文的常规组成部分，例如引言、方法、结果和讨论，但通常这些部分会以更为简洁的形式出现，甚至会合并在一起。简讯型论文强调的是新的或创新的、对当前科学领域有重要影响的发现，而不是全面深入的研究。相比于长篇的学术论文，简讯型论文侧重于呈现具有广泛兴趣的主要发现，而不是对一项研究进行深度挖掘。由于其内容紧凑且重要，简讯型论文的审稿过程通常比较快，以更快地将新发现传播给科学社区。尽管简短通讯的长度较短，但是由于它们往往包含的是具有重要意义的新发现，因此，它们可能会有较高的引用次数和影响因子。简讯型论文往往是很多期刊所刊载论文中的一类，但也有一些期刊专门刊载简讯型论文。

2. 简报

简报（Brief Report）和简讯型论文有相似之处，它通常较短，内容简明扼要，往往只包含最重要和核心的信息，以便有效地传达研究的关键结果。简报可以出现在各个学科领域中，它通常发表具有高度实用性和独创性的研究，对某个领域中的新发现、新技术或新方法进行快速报道。它们可以涉及小规模研究、新颖观点的提出，令人意外的发现或对先前研究的重要修正。简报通常有较为明确的字数限制，一般为一两千字或更少，而简讯型论文的篇幅可能相对灵活，可以更长一些。简报通常强调简洁明了地传达研究的核心信息，而简讯型论文可能允许稍微更详细的描述方法和结果。

需要注意的是，不同出版社和期刊对于简报和简讯型论文的定义和要求可能存在一定的差异。因此，在具体的学术期刊中，它们的定义和区别可能会有所不同。

3. 评论

评论（Commentary）是对其他已发表的研究成果进行评论、解释和批判。这些文章通常不会发布新的实证研究结果，而是为读者提供对特定研究领域或特定问题的见解和解释。评论在各种学科中都存在，但在一些特定的领域中尤其常见，例如医学、生物学、心理学和社会科学。在这些领域中，一项新的研究发现可能需要多方面的理解和解释，而评论就可以提供这种解读。

评论通常会对某项特定的研究或一组相关研究进行分析和解释。这可能包括对研究方法的批判、对结果的解释，以及对该研究如何影响该领域的讨论。评论也可能对一个研究领域的未来走向提出见解。评论往往比较主观。虽然好的评论会尽量保持客观公正，但它们的主要目的是提供对某个问题的独特见解或观点，而不仅仅是报告事实。因此，你需要批判性地阅读评论，理解作者的观点可能受到他们个人观念和偏见的影响。

评论在学术交流中发挥着重要的作用。通过对已有研究的深入分析和批判，它们有助于推动研究领域的发展，提高研究质量，并揭示新的研究方向。虽然它们在形式和目的上与传统的研究文章有所不同，但它们在推动科学和学术发展中占有同样重要的地位。

　　一个著名的例子是 2010 年发表于《科学》杂志的原论文"A bacterium that can grow by using arsenic instead of phosphorus"（《一种可以利用砷代替磷生长的细菌》）。这篇论文声称发现了一种细菌，可以利用砷代替磷来进行生长。然而，随后的评论对这个发现进行了质疑，评论首先指出了原论文中的实验设计和数据分析的问题。评论者认为，作者在实验中未能充分排除其他可能的干扰因素，并未能提供令人信服的证据来支持他们的观点。此外，评论还指出，原论文中数据处理和统计分析的方法存在问题，导致结论的可靠性受到质疑。针对这些质疑，其他科学家开始尝试重复原论文的实验，并进行独立的分析。然而，这些复制实验未能支持原论文的结果，进一步加深了对该发现的质疑。

　　这个例子突出了评论在科学研究中的重要作用，它可以帮助揭示潜在的问题和错误，并促使科学界对实验结果进行重新评估和验证。评论的质疑和后续的独立验证是科学方法的核心，能够确保科学研究的准确性和可靠性。此外，这个例子也强调了科学界数据共享和透明度的重要性，以便其他科学家可以验证和重现研究结果。

4. 读者来信

　　读者来信（Letter to the Editor）通常是对已经发表的论文或主题的评论、反馈或者批评。一般来说，这种类型的文章也不会发布原创的研究结果，而是对已发表的研究结果进行评论、提问、反驳或者进一步的补充和澄清。读者来信可能包括对研究方法的讨论，对结果的不同解读，对论点的反驳，或者提出新的问题和观点。与评论相比，读者来信通常较短，只包含作者对特定问题的核心观点。它的形式通常更加自由，可以是对某篇文章的反馈，也可以是对某个主题的短评。在实际阅读的过程中，它与评论的很多功能非常相似。

5. 社论

社论（Editorial）通常是期刊的编辑或者一些领域内的知名专家撰写的。其主要目的是对某一特定主题或者期刊特定一期所包含的主题进行讨论、解析或者提出观点。通常情况下，社论不会发布原创的研究结果，而是对特定领域的发展趋势、新的研究方向、研究热点，以及重要学术事件等进行评论和解析。

社论和评论都着重于作者的观点，但社论通常由期刊的编辑或者知名专家撰写，而评论则可能由一般人撰写，只要他们对特定主题有深入的理解和独特的见解。社论通常更加宽泛，可能会讨论期刊的政策，或者对期刊某一期的主题进行解析；而评论通常是对某一篇具体的文章或研究进行深入的分析和评论，可能包括对该研究的方法、结果或者影响的讨论。由于社论的作者通常是期刊的编辑或者领域内的知名专家，因此其对该领域的发展趋势和研究方向的分析和观点通常具有较大的影响力。而评论的影响力则可能依赖于其所评论的文章或研究的重要性，以及作者自身的知名度。社论的目标读者通常是期刊的广大读者，旨在对某一主题或者问题进行广泛的讨论。而评论的目标读者可能更为特定，通常是对所评论的文章或研究有兴趣的读者。

6. 观点

观点（Opinion）类型的文献通常指的是学者们关于特定主题的观点或立场，主要出现在各种学科领域，包括医学、法律、社会科学、人文学科等。对于一些领域，比如医学，观点类型的文献可能会被用来描述对现有研究的解释，或是关于未来研究方向的提议。在其他领域，如社会科学或人文学科，观点类型的文献可能更多地涉及理论、方法或政策的批评和分析。

观点类型的文献的特点是提供作者的观点或解释，而不仅仅是描述或报道现有知识。它们可能会对特定问题提出新的理解或解决方案，或者批评和挑战现有的观点。它们常常包括一定的主观性和解释性，并且往往需要作者在专业知识的基础上，得出有力的、可信的、具有说服力的观点。

观点类型的文献与其他类型的学术文献有一些重要的区别。例如，与实证研究相比，观点类型的文献通常不会进行新的数据收集或分析，而是基于已有的研究和知识进行讨论。它们也不像综述文章那样系统地总结和分析特定主题的全部研究。观点类型的文献可以引导和影响研究的方向和焦点，它可以提供对复杂问题的新的解释和理解。此外，它们还可以促进学术界的讨论和辩论，从而推动知识和理论的发展。

7. 前瞻

前瞻（Perspective）通常是一种对特定主题或研究领域提供综述、评价和前瞻性思考的文章。它主要出现在各类学科领域。这类文章通常由在特定领域具有深入研究和广泛经验的专家撰写，以提供全面、权威的对当前领域的理解和对未来发展的看法。前瞻类文献文章通常包括对当前研究现状的分析，对尚待解决问题的探讨，以及对未来研究方向的展望。这类文章可以提供更深入、更宏观的视角，对相关领域的研究有着重要的影响。它们可以帮助读者理解一个特定问题或领域的主要争论、现有证据，以及未来的研究方向。

与一般的学术论文相比，前瞻类文献往往不直接报告新的实验或研究结果，而是基于现有的研究和文献，对一个领域的整体进展和未来发展进行分析和讨论。因此，它们往往更侧重于理论分析和理论建构，而非具体的实证研究。另外，与综述文章相比，前瞻更强调作者的个人观点和见解。虽然综述文章也会涵盖一定的评价和展望，但它们通常更侧重于对现有研究的总结和梳理。相反，前瞻更强调提供新的洞见、新的解释框架，或者新的研究方向。同时，这类文章对于新的研究者和学者也有很大的价值。他们可以通过阅读前瞻来快速了解一个新领域的核心问题、主要观点和现有研究，从而对自己的研究方向和方法进行调整。

8. 论坛

学术期刊中的论坛（Forum）类文章通常围绕一些具有争议的问题，或者在特定的研究领域中需要深入讨论的主题。论坛的特性在不同的学科领域和出版物中有所不同，但其核心概念是鼓励各方表达不同的观点，以加深对某个主题的理解和认知。论坛常常出现在人文科学、社会科学以及法学等领域，尤其是在那些需要深度讨论，研究伦理、政策或社会影响的领域中。比如，一个关于人工智能伦理的论坛可能会包括来自哲学家、科学家以及法律专家的不同观点。

与常规的研究文章或者论文不同，论坛的文章往往不是在描述新的实验结果或理论发展。相反，它们更多的是以一种分析、解读或者辩论的形式来探讨已经存在的问题或者数据。这种形式的论文通常更强调观点和论点的提出，而不是数据的收集和分析。对于读者来说，论坛提供了一个深入理解复杂问题的机会，可以从多个角度去看待一个问题，而不仅仅是从一个单一的视角。同时，作者也有机会在一个较广泛的读者群体中传播他们的观点，并对他人的观点进行回应。总的来说，论坛在学术文献中扮演着独特的角色。它既不是传统意义上的研究论文，也不是书评或者新闻报道。而是一个中间的、可以促进讨论和思考的平台。虽然它可能不会直接产生新的科学发现，但它对于推动学术界的思考，促进研究领域的发展，以及加深公众对于科学问题的理解都是非常重要的。

9. 实践叙述

实践叙述（Accounts of Practice）通常是基于对实践的直接观察或参与，详细地描述和解释具体的实践、行为或经验。这种类型的研究通常关注实践者如何进行他们的工作，以及这些实践如何与更大的社会、经济和文化环境相互作用。在这些描述中，研究者通常尝试理解并解释这些实践的背景、意义和影响。

实践叙述可以在各种领域中找到，包括社会学、教育学、医学、商业研究、人类学、心理学等。例如，在教育研究中，实践叙述可能包括教师在特定教学环境中实施新教学策略的详细描述；在医学研究中，这可能包括医生或护士处理特定医疗状况的案例研究。

　　实践叙述与其他类型的学术文献有几个主要区别。首先，实践叙述往往更加侧重于描述和解释，而不是预测和控制。这意味着实践叙述的目标是理解和解释实践者在特定环境中如何进行工作，而不是试图发现普遍的法则或规律。其次，实践叙述往往更加注重对实践的深度和丰富性的描绘，而不是对数据进行定量分析。这种研究方法强调对实践的细节和复杂性的理解，可能包括实践者的目标、信念、决策过程、情感反应等。此外，实践叙述通常更加注重对个体和情境的考虑，而不是把注意力放在抽象的变量和测量上。这种方法试图抓住实践的具体和特定性，包括其在特定文化、社会、经济背景下的含义和影响。

10. 数据说明

　　数据说明（Data Note）旨在描述和解释研究中使用的数据集。它们通常是短文，用于提供关于数据集的详细信息，包括数据的来源、收集方法、样本特征以及数据的可用性和可重复性等内容。数据说明的主要目的是让其他研究人员理解和使用这些数据集，以促进科学研究的透明度和可重复性。

　　数据说明主要出现在各个学科领域中，特别是在数据密集型的研究中，如生物学、生物信息学、社会科学、地球科学和计算机科学等。这些领域中常常涉及大量的数据收集、处理和分析，因此对数据的描述和共享变得尤为重要。它们提供数据集的元数据，如采样方法、样本属性、数据格式等。数据说明强调数据的可重复性和可用性。通过提供详细的数据描述和相关的元数据，数据说明鼓励其他研究人员在他们的研究中使用同一数据集，从而增加科学研究的可靠性和可验证性。

11. 媒体评论

媒体评论（Media Review）主要通过对媒体作品（例如电影、电视剧、音乐、书籍、艺术展览等）进行评论和分析来提供观点和评价。与其他学术文献形式相比，媒体评论的目的是为读者提供对媒体作品的综合评估和理解，同时探讨作品对于相关学术领域的影响。

媒体评论主要出现在人文学科、社会科学和文化研究领域。在人文学科中，媒体评论可以涉及文学、艺术、电影研究等领域。社会科学领域中的媒体评论则更加关注媒体对社会、政治和文化问题的影响和反映。文化研究领域的媒体评论则注重对文化产品的分析和解读。

媒体评论与其他学术文献有一些区别。首先，媒体评论通常较为短小，并且以批评性和评论性的写作风格为主。它的目的在于提供对媒体作品的评估和解释，而不仅仅是简单地概述和总结作品内容。其次，媒体评论通常更注重个人观点和主观评价，与研究型学术文献相比，它的观点可能更加主观。然而，媒体评论仍然需要基于相关理论和背景知识，并使用恰当的方法进行分析。最后，媒体评论的读者群体相对较广，旨在向更广泛的公众传达对媒体作品的评估和建议，而不仅仅是面向学术界的同行。

12. 视觉短篇

视觉短篇（Visual Vignette）是一种独特的学术文献形式，主要特点是通过视觉素材（例如图片、图表、插图等）配合简短的文本，以直观生动的方式传达复杂的概念、理论或研究结果，如附图1所示。这种形式的学术文献主要出现在需要利用视觉效果以加强理解和沟通的领域，在医学领域的学术期刊中刊登较多，一般包含一系列医学影像资料，以示例解释某一疾病的病理生理特征，或是手术过程的关键步骤。在艺术和设计领域，视觉短篇可能会介绍一种新的艺术风格或设计理念，通过图像展示其主要特点和实现效果。在环境科学或地理学领域，视觉短篇可能用来描述和解释复杂的地理现象或环境问题，比如气候变化的影响，或是生态系统的动态变化。

Visual Vignette

Mainak Banerjee, MD[1]; Subhadeep Gupta, MD[2]; Rimesh Pal, DM[3]; Sujoy Ghosh, DM[1]

From the [1]Department of Endocrinology, Institute of Post Graduate Medical Education and Research, Kolkata, India, the [2]Department of Neurology, Bangur Institute of Neurosciences, Institute of Post Graduate Medical Education and Research, Kolkata, India, and the [3]Department of Endocrinology, Post Graduate Institute of Medical Education and Research, Chandigarh, India.

Case Presentation: A 20-year-old female presented with a history of secondary amenorrhea for the preceding 8 months. She also had a history of neck pain, transient visual obscurations, and easy fatigability. She denied any history of headaches or significant visual disturbances. There was no history of galactorrhea, hirsutism, chronic drug intake, stress, a recent change in diet, weight, or exercise habits. Physical examination revealed a body mass index of 26.1 kg/m² and a blood pressure of 100/66 mm Hg with no postural drop. Fundoscopy showed bilateral grade 1 papilledema, however, visual acuity and visual fields were normal. Investigations revealed a free thyroxine (free T4) level of 0.7 ng/dL (normal, 0.8 to 2 ng/dL), a thyroid-stimulating hormone level of 2.8 mIU/L (normal, 0.4 to 4 mIU/L); 8:00 AM cortisol of 3.4 μg/dL (normal, 5 to 25 μg/dL), an adrenocorticotropic hormone level of 8.3 pg/mL (normal, 5 to 60 pg/mL), an insulin-like growth factor 1 (IGF-1) level of 62.7 ng/mL (normal, 107 to 316 ng/mL), a follicle stimulating hormone level of 2.32 mIU/mL (normal, 3 to 14.4 mIU/mL), a luteinizing hormone level of 2.75 mIU/mL (normal, 1.1 to 11.6 mIU/mL), an estradiol level of 23.4 pg/mL (normal, 20 to 213 pg/mL) and a prolactin level of 13.2 ng/mL (normal, 8 to 24 ng/mL). Ultrasonography of the pelvis showed a thinned out endometrial lining. Magnetic resonance image (MRI) of the brain (with orbital and sellar cuts) guided us in arriving at the diagnosis (Fig. 1 A, B, C, and D). **What is the diagnosis?**

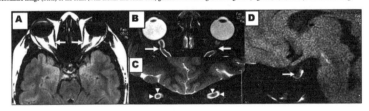

附图1　视觉短篇示例

与其他传统的学术文献相比，视觉短篇的主要特色在于它强调视觉元素的使用，这些视觉元素不仅可以帮助读者更好地理解和记忆复杂的信息，也可以提供一种更直观、更感性的学习和交流方式。视觉短篇通常只包含一段或几段简短的文字，以概述和解释视觉元素所表达的主要信息。这种方式强调信息的精练和凝练，使读者可以在短时间内获取关键知识。视觉短篇通常可以引发读者的思考和讨论，比如在医学教育中，视觉短篇可以被用作讨论的起点，引导学生深入探讨疾病的病因、诊断和治疗等问题。

13. 视频短篇

视频短篇（Video Vignette）通过视频的方式呈现研究过程、实验结果或者学术观点。视频短篇以视频为主要媒介，通过图像、声音和运动的表现形式，更直观地展示研究内容。这种类型的学术文献主要出现在医学、社会科学、工程技术、艺术、教育等领域。

在医学领域，视频短片可能会展示一个手术过程，详细解释每个步骤，以便于医生、医学生和其他医疗专业人员学习。在社会科学领域，视频短片可能以纪录片形式展示一个社会现象或问题，引发深入的思考和讨论。在工程技术领域，视频短片可能用来演示一种新的技术或设备的操作过程和效果。在艺术领域，视频短片可能会展示一个艺术创作或表演的过程，以突显其独特的审美价值。在教育领域，视频短片可能以教学视频的形式，详细解释一个复杂的概念或理论，提升教学效果。

与传统的学术文献相比，视频短片具有以下几个区别。首先，它采用了视频这一多媒体形式，通过图像和声音的组合呈现研究内容，使观众更加直观地理解和感受研究过程和结果。其次，视频短片通常比传统文献更加具有互动性，观众可以通过控制视频的播放、暂停和回放来自主了解研究内容，以满足个人学习需求。此外，视频短片一般会配备图表和文本的内容，进一步解释和补充视频内容，提供更全面的信息。

在学术界，视频短片的应用还相对较新，但它已经成为一种越来越受欢迎的学术传播形式。通过视频的视觉呈现和互动性，视频短片有助于突破传统学术文献的局限，提供更直观、易理解的学术信息。它能够吸引更广泛的观众群体，包括学生、研究人员、医务人员和普通公众，使他们更容易理解和应用学术研究成果。

其中，JoVE（Journal of Visualized Experiments 的简称，实验视频期刊）是全球首本实验视频期刊。该期刊的主要目标是以视频方式展示生物学、医学、化学、物理等学科领域的研究过程和成果。至今，JoVE 实验视频期刊已经发表了 17 000 多个实验视频，涵盖生物学、医学、化学和物理学等领域。这些实验视频来自哈佛大学、麻省理工学院、斯坦福大学、耶鲁大学、加利福尼亚大学伯克利分校、哥伦比亚大学等世界著名高校和研究机构的实验室。

JoVE 实验视频期刊的独特之处在于充分利用多媒体的优势，通过视频技术使知识传递更加生动和直观。这个期刊最初由生命科学领域的科学家创办，旨在解决当前科学研究中的两大难题：复杂实验的低可重复性和学习新实验技术所需的时间和精力。与传统纸质期刊相比，JoVE 利用视频技术以清晰直观的方式展示生命科学实验的多方面和复杂细节，从而在很大程度上解决了这两个难题，促进了科学实验成果的引用和传播。与以结论为导向的传统期刊不同，JoVE 专注于通过视频还原科学实验的完整过程，并非常注重实验的应用性。它不仅发表前沿科研成果，还关注经典实验方案的再现和新应用。通过这种新型的互联网出版模式，*JoVE* 帮助全球科研人员节省宝贵的时间和精力，在家中访问全球顶尖实验室。

14. 教育案例

教育案例（Educational Case）是指对教育实践中的具体案例进行研究和分析的学术文献。这些案例可以包括教学活动、课程设计、教育政策实施等各个教育领域中的具体实践案例。教育案例通常以一个具体的案例为基础，描述和分析教育实践中的问题、挑战、解决方案和结果。这种文献类型的目的是提供教育从业者和研究者们在实践中面对的具体情境，以促进教育改进和知识传播。

教育案例主要出现在教育研究、教育管理和教育实践领域中。在教育研究中，研究者可以通过对实际案例的深入研究，探索特定教育问题的原因和解决方案，并为教育政策和实践提供有价值的见解。在教育管理中，案例分析可以帮助管理者了解和解决教育组织中的问题，提升教育质量和学生学习成果。在教育实践中，教师可以通过研究和分享案例来改进自己的教学方法，提升学生的学习效果。

与其他学术文献相比，教育案例以具体案例为研究对象，通过描述和分析案例中的情境、问题和解决方案，提供实践经验和教育改进的启示。它侧重于从实践中获取经验和知识，帮助教育从业者解决实际问题。相比之下，其他学术文献可能更注重理论构建和实证研究。它通常涉及复杂的教育情境和问题，需要对案例进行详细的分析和解释。这种深入的案例研究可以提供更全面的理解和洞察力。它的目的是为教育从业者提供实用的指导和经验分享，帮助他们改进自己的教育实践。

15. 讣告

讣告（Obituary）是通常用于悼念已故的学者、科学家或其他重要人物，以向读者传达逝者的重要贡献和对其工作的敬意。讣告的撰写通常由已故人物的同行或研究伙伴负责，因为他们最了解逝者的工作和贡献。讣告的主要目的是回顾逝者的学术成就和生平，以表达对其的尊重和感激之情，并向读者传达逝者的影响和遗产。

讣告一般会简要介绍逝者，包括姓名、出生日期、逝世日期和逝世地点等个人信息。它会描述逝者的教育背景、职业生涯和任职情况。这包括所在的学术机构、担任的职位和获得的荣誉等。它随后会介绍逝者在特定领域中所做的重要工作、研究成果和贡献。这些包括发表的论文、取得的重要发现、推动的学科进展等。讣告还会生动地介绍逝者的个性特点、工作风格和对学术界或社区的影响。这可能包括他们的教学方式、导师作用、激励和影响其他学者的能力等，表达对逝者的悼念之情和感激之情。

16. 勘误

勘误（Corrigendum/Erratum）用于纠正已经发表的原始研究文章中存在的错误、遗漏或误导性信息。勘误主要出现在学术期刊中，特别是在经过同行评审的期刊中。它们通常由原始研究的作者或者期刊编辑发表。勘误的发表对象是先前发表的学术文章，其中可能存在错误、缺失或者误导性陈述。勘误旨在更正这些问题，确保学术文献的准确性和可靠性。

在实验科学中，勘误可能涉及实验设计、数据处理或分析方法的错误。在理论研究中，勘误可能涉及公式、推导或论证的错误。在临床研究中，勘误可能涉及病例报告、统计数据或治疗方案的错误。

勘误的发表程序与其他学术文献可能不同。通常，发表勘误需要经过编辑或期刊的审核，以确保修正是确凿无误的，并且具有充分的解释和合适的文体。此外，勘误往往在期刊上以单独的文章形式发表，或者作为原始文章的附录或补充信息。

勘误在学术界具有重要的作用。它们提供了一种纠正错误和维护学术诚信的机制，同时为学术界建立了透明度和可靠性的标准。通过发表勘误，研究人员可以更正自己的研究，向学术界传递正确的信息，并确保后续研究基于准确和可信的基础。

另一种勘误在学术文献中被称为 Erratum。与 Corrigendum不同，这种勘误通常是由期刊编辑发表的简短声明，用于纠正较小的错误，例如拼写错误、印刷错误、引文错误或作者姓名错误等。

五、常用的数据库和学术搜索引擎

1. 综合数据库和搜索引擎

（1）中国知网（https://www.cnki.net/）是国内名气最大的数据库，收录了大量的中文学术期刊文章、学位论文、会议论文、报纸、图书和专利等文献类型，涵盖了多个学科领域，包括自然科学、工程技术、医学、社会科学、人文科学等。

（2）万方数据（https://www.wanfangdata.com.cn/）是由万方数据公司开发，涵盖期刊、会议纪要、论文、学术成果、学术会议论文的大型网络数据库，也是和中国知网齐名的中国专业的学术数据库。

（3）维普数据库（https://www.cqvip.com/）收录了来自中国各个学术期刊的学术文章和论文全文。它覆盖了广泛的学科领域，包括自然科学、工程技术、医学、社会科学、人文科学等。它与中国知网和万方数据库一起被认为是中国数据库的三驾马车。

（4）国家自然科学基金基础研究知识库（https://ir.nsfc.gov.cn/）收集并保存国家自然科学基金资助项目成果的研究论文的元数据与全文，向社会公众开放。

（5）台湾学术文献数据库（http://www.airitilibrary.cn/）由科学数据库及人社数据库组成，是中国台湾地区收录量最大的学术数据库。

（6）百度学术（https://xueshu.baidu.com/）是百度推出的一个学术搜索平台，为用户提供学术文献的搜索和浏览服务。它收录了来自全球各个学术领域的学术文献，并提供了文献的摘要、引用信息和全文链接。

（7）Google 学术（https://scholar.google.com/）是一个免费的学术搜索引擎，它提供广泛的学术文献检索功能，包括期刊论文、学位论文、会议论文、专利等。它还提供了引用关系和被引用情况的统计数据。

（8）Scopus（https://www.scopus.com/）是综合性的学术文献数据库，涵盖了各个学科领域的期刊文章、会议论文、书籍等。它提供了广泛的文献检索和引用分析功能。

（9）Web of Science（https://www.webofknowledge.com）是一个综合性的学术数据库，包括科学引文索引（Science Citation

Index）、社会科学引文索引（Social Sciences Citation Index）和艺术与人文引文索引（Arts & Humanities Citation Index）等。它提供了广泛的文献检索、引用分析和文献评价功能。

（10）Engineering Village(https://www.engineeringvillage.com/home.url）是一个面向工程领域的综合性学术数据库和搜索平台。它由多个子数据库组成，其中最知名的是 Compendex 和 Inspec。Compendex 是工程学领域最全面的文摘和索引数据库之一。它涵盖了工程学、计算机科学、材料科学、电子工程、土木工程、化学工程、环境工程等多个工程子领域的学术文献。Inspec 是专门涵盖物理学、电子学、计算机科学和信息技术等领域的学术文献数据库。除了 Compendex 和 Inspec，Engineering Village 还提供其他相关数据库和功能，如 NTIS(数据库、工程标准和专业协会出版物) 等。

（11）ProQuest(https://www.proquest.com/) 包含了丰富的全文文献、学位论文、报纸、期刊、报告、学术书籍等，涵盖了各个学科领域。最值得一提的是，它拥有世界上最大的数字化学位论文集合，包括来自全球各地博士论文的全文内容。

（12）ScienceDirect（https://www.sciencedirect.com/ ）是爱思唯尔（Elsevier）旗下的学术数据库，提供广泛的科学、工程和技术领域的期刊文章和书籍。

（13）SpringerLink（https://link.springer.com/ ）是斯普林格（Springer）旗下的学术出版物数据库，收录文献超过 800 万篇，包括图书、期刊、参考工具书、实验指南和数据库，其中收录电子图书超过 16 万种，最早可回溯至 19 世纪 40 年代。

（14）Wiley Online Library（https://onlinelibrary.wiley.com/）是约翰威利（John Wiley）旗下的学术数据库，包含了多个学科领域的期刊文章和书籍。

（15）Taylor & Francis Online（https://www.tandfonline.com/）是泰勒－弗朗西斯出版集团（Taylor & Francis）出版的学术数据库，包括各个学科领域的期刊文章和书籍。

（16）Emerald Insight（https://www.emerald.com/insight/）是爱墨瑞出版集团（Emerald Publishing）出版的学术数据库，包括管理学、图书馆学、工程学等学科领域的期刊和书籍。

（17）SAGE Journals（https://journals.sagepub.com/）是世哲（SAGE）出版的学术期刊数据库，涵盖了多个学科领域，包括社会科学、人文科学、生命科学等。

（18）SciELO（https://scielo.org/en/）是一个涵盖多个学科领域的科学电子图书馆和学术期刊数据库。它是一个非营利性的项目，旨在促进发展中和新兴国家的学术研究成果的可见性和可访问性。它收录了来自拉丁美洲、非洲、亚洲和其他地区的学术期刊，涵盖了自然科学、社会科学、人文学科和健康科学等多个学科领域。它采用开放获取模式，这意味着用户可以免费访问和下载其中的学术论文。

（19）JSTOR（https://www.jstor.org/）始于美仑基金会的数字典藏计划，是一个对过期期刊进行数字化的非营利性机构，收录了人文科学、社会科学和自然科学领域的期刊文章、书籍和会议论文。

（20）WorldCat（https://www.worldcat.org/）是一个全球性的图书馆联合目录和资源数据库。它是世界上最大的图书馆联合目录，由OCLC（Online Computer Library Center，联机计算机图书馆中心）管理和维护。它的目标是为用户提供一个集中搜索的平台，让他们能够查找并访问全球范围内的图书馆藏书和其他资源。通过 WorldCat，用户可以搜索并找到所需的图书馆资源，并了解资源的可用性和所在地。用户可以查找特定书籍的馆藏情况、获取资源的位置和馆藏号、了解资源的借阅和访问规则等。

（21）DOAJ（https://doaj.org/）是一个开放获取期刊目录，收录了全球范围内的开放获取学术期刊。

（22）arXiv（https://arxiv.org/）是一个预印本服务器，研究人员可以在上面发布自己的论文和研究成果，涵盖了物理学、数学、计算机科学等领域。

（23）Dimensions（https://www.dimensions.ai/）是一个综合性的学术研究平台和数据库，旨在为研究人员提供广泛的学术信息和工具。它由 Digital Science 开发和维护，涵盖了多个学科领域的学术研究内容。它聚集了来自全球各地的学术出版物、研究项目、专利、政策文件和数据集等多种资源。它的数据库内容涵盖了科学、技术、医学、社会科学和人文学科等广泛的学术领域。

2. 不同专业数据库

（1）PubMed（https://pubmed.ncbi.nlm.nih.gov/）是生命科学和医学领域最重要的数据库之一。它由美国国立生物技术信息中心（NCBI）维护，收录了大量的生物医学文献，包括期刊论文、综述文章、临床研究等。

（2）IEEE Xplore（https://ieeexplore.ieee.org/）是电气工程、计算机科学和电子学领域的重要数据库。它包含了 IEEE 和其他合作伙伴出版的期刊、会议论文、技术报告等。

（3）DBLP（https://dblp.org/）是一个计算机科学领域的在线学术文献数据库。它起源于德国图宾根大学，致力于收集、整理和提供计算机科学相关领域的学术论文和研究成果。DBLP是计算机科学领域中最重要的文献数据库之一，包含了大量的会议论文、期刊文章、书籍和博士学位论文等。DBLP一般用来搜索计算机领域的会议文章。

（4）ACM Digital Library（https://dl.acm.org/）是计算机科学领域的主要数据库，收录了美国计算机协会出版的期刊、会议论文、技术报告等。

（5）CiteSeerX（https://citeseerx.ist.psu.edu/）是一个学术搜索引擎和开放获取的科学文献数字库。它致力于收集、索引和提供计算机科学和信息科学领域的学术论文和技术报告等文献资源。它的特点之一是其提供了文献的全文下载功能。用户可以直接访问和下载大部分收录文献的全文。

（6）MathSciNet（https://mathscinet.ams.org/）是一个重要的数学领域的文献数据库。它由美国数学学会管理和维护，是数学研究领域中最具影响力的引文索引和评论数据库之一。它的主要目标是收录数学领域的学术期刊文章、会议论文、书籍和技术报告等文献，并提供对这些文献的引用信息和评价摘要。它涵盖了广泛的数学分支领域，包括纯数学、应用数学、数理统计、计算数学等。

（7）INSPIRE-HEP（https://inspirehep.net/）是一个重要的高能物理学领域的文献数据库。它提供了广泛的高能物理研究文献、会议记录和前沿研究成果的搜索和访问。除了文献检索功能，INSPIRE-HEP还提供了一些其他的特色功能。它可以跟踪和显示论文的引用关系和引用次数，提供作者的学术简历和出版物统计等。此外，INSPIRE-HEP 还提供了一些与高能物理学研究相关的新闻、会议信息和其他资源。

（8）SPIE Digital Library（https://www.spiedigitallibrary.org/）由国际光学工程学会提供，聚集了大量光学工程、光学物理学、光电子学、纳米科技和相关领域的学术文献、期刊文章、会议论文和专业出版物。它涵盖了光学和光电子学的各个方面，包括光学传感器、激光技术、光学显微镜、红外技术、光纤通信等。

（9）ASCE Library（https://ascelibrary.org/）是美国土木工程学会提供的一个学术资源平台和数据库。它涵盖了土木工程的各个子领域，包括结构工程、水资源工程、交通工程、环境工程等。

（10）BioOne Journals（https://bioone.org/）是一个聚焦生物科学和环境科学领域的学术期刊数据库。它涵盖了多个学科领域，包括生态学、进化生物学、环境科学、生物多样性、植物学和动物学等。

（11）PsycINFO（https://www.apa.org/pubs/databases/psycinfo）是心理学领域的重要数据库，收录了心理学和相关学科的期刊文章、书籍和会议论文。

（12）国家哲学社会科学学术期刊数据库（https://www.nssd.cn/）是由中国社会科学院承建的国家级、开放型、公益性哲学社会科学信息平台，是我国最大的社会科学开放获取平台，收录精品学术期刊 2200 多种，论文超过 2300 万篇。

（13）SSRN（https://www.ssrn.com/）是一个在线的社会科学研究平台和数据库。它是一个专注于社会科学领域的学术研究论文和工作论文的存储和传播平台。SSRN 的数据库涵盖了广泛的社会科学学科领域，包括经济学、金融学、管理学、法学、会计学、政治学、社会学等。

（14）ERIC（https://eric.ed.gov/）是一个重要的教育资源信息中心和数据库。它由美国教育部资助并管理，旨在收集、存储和提供教育领域的学术文献和研究资料。ERIC 数据库涵盖了广泛的教育相关领域，包括教育政策、教学方法、课程开发、教育心理学、学校管理、评估和评价等。它收录了来自学术期刊、研究报告、会议论文、硕士和博士论文等各类教育资源。

（15）RePEc（http://repec.org/）是一个经济学领域的学术研究论文数据库和联合目录。它是一个由经济学家和研究人员自愿参与的开放性项目，旨在促进经济学研究的交流和共享。它的数据库包括多个组成部分，其中最重要的是 RePEc 联合目录。该目录记录了经济学家的个人信息、发表论文的列表和引用情况等。用户可以查找特定经济学家的研究成果，并获取他们的论文全文或相关信息。RePEc 还包括其他组成部分，如 IDEAS、EconPapers、NEP 等。这些组成部分提供了论文搜索、下载、引用分析、文献综述等功能，帮助用户更好地利用经济学领域的研究文献。

（16）EconLit（https://www.aeaweb.org/econlit/）是一个广泛使用的经济学领域的学术文献数据库，由美国经济学会提供。它涵盖了经济学及相关学科的研究文献，包括经济理论、计量经济学、宏观经济学、微观经济学、国际经济学、金融经济学等。

（17）Project MUSE（https://muse.jhu.edu/）是提供了广泛的人文和社会科学领域的学术文献。它由约翰霍普金斯大学出版社和其他合作出版商共同运营，收录了多个学科领域的期刊、图书、研究报告和其他学术出版物。它涵盖了人文学科、社会科学、艺术、文学、历史、哲学、政治科学、社会学等领域的内容。

（18）Alexander Street(https://alexanderstreet.com/)提供了广泛的数字化资源，涵盖了人文学科、社会科学和表演艺术等多个领域。它的内容包括音乐、电影、戏剧、文学、历史、社会学、教育、心理学等学术文献和多媒体资料。比如，它的 Theatre in Video 数据库是一个专注于戏剧和表演艺术领域的学术资源平台和数据库。它为用户提供了大量的戏剧演出录像和相关的学术资源，以支持戏剧研究、学术教学和表演艺术的欣赏。它的 Dance in Video 数据库专注于舞蹈艺术领域，提供了广泛的舞蹈演出录像和相关的学术资源，以支持舞蹈研究、学术教学和艺术欣赏。

（19）Artstor(https://www.artstor.org/)是一个数字图像库和学术资源平台，专注于艺术、文化遗产和人类学领域的图像和相关资料。它收集了全球范围内的艺术作品、文物、建筑、插图和其他视觉资源，并提供了丰富的学术内容和工具。它为研究人员、学者、学生和艺术爱好者提供广泛的图像资源和学术支持。它促进了艺术史、人类学、文化研究和教育领域的研究和教学，帮助用户深入了解艺术作品、文化遗产和视觉文化的重要性和价值。

（20）PhilPapers(https://philpapers.org/)专注于哲学领域的研究和文献。它提供了广泛的哲学文献、论文、书籍和其他学术资源，以支持哲学研究和学术交流。它收录了来自全球哲学学者的学术文献，包括哲学期刊文章、论文预印本、书籍章节、研究报告等。它覆盖了哲学的各个子领域，如伦理学、形而上学、逻辑学、认知科学、政治哲学等。